인사기록물관리

Managing Personnel Records

이은경 │ 한국국가기록연구원 감수

돌샘 진리탐구

● 발간사

　지금으로부터 5년 전 한국국가기록연구원이 출범하였다. 지난 시간을 회고해보면 아쉬움도 있고 또 앞으로 해야 할 일도 산적해 있다. 그러나 한편으로는 나름대로의 뿌듯함을 느끼기도 한다. 시민기록문화전, 기록문화 시민강좌 개설, 심포지엄, 기록문화상 제정, 한국기록학회 조직, 월례발표회, 한국기록관리학교육원 개원 등등, 모두가 우리의 기록문화 발전에 초석이 될 것임은 분명하다.

　연구원의 출범과도 무관치 않지만 우리의 기록문화에 또 하나의 이정표라고 할 수 있는 것은 기록물관리법령의 제정이다. 법령의 제정으로 이제 우리도 근대적 기록관리체제에 들어갔다고 말할 수 있게 되었다. 그러나 법령의 제정이 바로 실시로 이어지지는 않는다. 죽어있는 법령이 얼마나 많은가. 새로운 법령이 제정되면 이에는 크고 작은 '저항과 편승'이 있기 마련이다. 새로운 기록관리법령에 대한 '저항'은 현재 법령상 존재해야할 자료관의 설치 실태만을 보아도 잘 알 수 있다. 새로운 법령에는 공공기록물은 전문가(기록관리전문요원, 아키비스트)가 관리하게 되어 있고 이들 전문가의 자격 요건도 규정되어 있다. 이에 몇 년도 안된 사이에 많은 대학에서 기록관리학 대학원과정이 신설되었다. 물론 모두가 기록관리분야 전반을 위해서는 발전적인 변화이다. 그러나 그 내실을 보면, 즉 교수, 교재, 참고도서, 실습실 등의 면에서 보면 부실하기 짝이 없는 경우도 있다. 이는 새로운 법령에 대한 '편승'이라고 할 수 있다.

　그러나 '저항과 편승'을 탓하고만 있을 수는 없다. 사실 '저항과 편승'의 가장 큰 원인은 기록관리에 대한 이해의 부족일 것이다. 이를 위해 연구원은 과감히 ICA 총서시리즈를 번역하기로 결정하였다. 단순한 번역은 아니다. 권수로도 30권이 넘는다. 양도 양이거니와 여러 사람이 나누어 번역할 수밖에 없기에 통일성을 기하기가 무척 어려우리라 예상된다. 그럼에도 불구하고 한국 기록관리학의 기초를 놓는다는 심정으로 번역을 시작하였다.

　본 총서시리즈는 국제기록관리재단(International Records Management Trust)과 ICA에서 공동으로 추진한 결과물로, 국제적으로 널리 이용될 수 있는 최선의 기록관리 업무 방식 도출을 목적으로 하였다. 또한 기록관리 전문가 외에도 체계적으로 기록학에 접근하지 못했던 사람들에게 학습모듈을 제공하려는 의도에서 만들어졌다. 이 때문에 기록관리시스템이 불충분하거나 적절한 기록관리 교재와 교육인프라가 결핍된 국가에게는 유용한 교재가 될 것이다.

기록관리 분야의 실무와 학문이 발전일로에 있는 우리 나라에서도 이 교재의 보급이 시급함은 물론이다. 앞으로 이 학습교재가 공공부문의 기록관리전문가를 위해서 뿐만 아니라 민간부문에서도, 그리고 아키비스트의 업무능력과 전문성을 높이는 데에서도 널리 활용되기를 바란다.

본인은 2000년 9월, 연구원을 대표하여 스페인 세빌리아에서 개최된 ICA총회에 참석하였다. 회의 규모의 크기에도 놀랐지만 개최국의 선진적 기록관리 및 보존에도 놀랐다. 아시아에서는 유일하게 1996년 중국의 북경에서 개최되었다고 하니 중국의 문화적 깊이를 보여주는 듯하다. 한국의 서울에서 ICA총회가 열릴 기록관리 선진국을 기대하며, 본 역서가 그런 기대에 일조하기를 바라마지 않는다.

본 역서를 내면서 감사드려야 할 분들이 있다. 먼저 한국국가기록연구원의 참뜻을 이해하여 저작권에 대한 비용을 과감히 포기해준 ICA 관계자 여러분들에게 감사의 뜻을 표하고자 한다. 또 상업성을 떠나 선뜻 출판을 맡아주신 진리탐구의 조현수 사장님 및 편집부 일동에게 진심으로 감사드린다. 마지막으로 그다지 좋지 못한 조건에도 불구하고 번역을 흔쾌히 맡아주신 번역자 여러분들에게 깊은 감사를 드린다.

김학준(한국국가기록연구원 원장)

김 학 준

한 권의 책을 번역하고 서문을 달아야 할 때가 되었다. 이 책을 읽는 사람들은 누구일까? 그리고 그들은 왜 이 책을 읽고 있을까? 라는 생각을 하지 않을 수 없다. 이 책을 읽는 사람들은 나와 같이 기록관리를 공부하는 사람들이거나 적어도 인사기록에 대한 관심이 있는 사람들일 것이다. 그리고 신생아나 다름없는 이 분야에서 그들의 요구에 도움이 될 만한 정보를 찾아 이 책을 마주하고 있을 것이다. 그들에게 이 저자가 말하고 싶어 하는 것을 전달하는 것은 나의 과제였다. 내가 이해하는 한 저자는 무슨 말을 하고 싶었던 것일까?

조직은 그 조직의 존립을 위한 업무를 하기 위해 직원을 채용한다. 직원은 일한 대가를 급여와 급여 외 혜택으로 지급 받고 일정한 연령이 되면 은퇴를 한다. 고용의 형태에 따라 그리고 업무의 성격에 따라 그 지급의 성격과 퇴직의 시기가 달라 질 수 있지만 기록이라는 도구를 통해 그 과정을 가능한 한 투명하고 공정하게 하는 것이 인사기록물의 생명이다. 이와 같은 정보는 축적되고 검증 과정을 통해 다음 인사관리 업무의 효율을 극대화할 수 있는 도구로서 인사기록물관리시스템으로 재편성된다.

본 모듈은 인사기록이라는 특정한 분야를 잡아 그 관리의 구체적인 예제를 통해 독자들의 요구를 충족시키고자 하는 실용서이다. 따라서 인사기록의 전반적인 특성, 일반적인 인사관리업무에 대한 실무관행과 그 과정에서 나타나는 구체적인 기록물의 예제, 개인의 신상정보를 다루고 있기 때문에 발생할 수 밖에 없는 인사파일의 특성과 그 운용방식, 보존기한, 인사기록물의 생산과 이용에 관련된 이해 관련자들의 범주, 책임성과 요구사항, 기록물의 자동화 과정에서 발생하는 문제점을 구체적으로 밝히고 다음 할 일을 제시하고 있다.

역자로서 독자에게 부탁하고 싶은 것이 있다면, 본서가 영국을 중심으로 한 다른 나라들의 예를 기초로 하고 있기 때문에 우리나라에서 생산되는 기록과 비교할 때 그 종류 및 형식에 있어서 다른 점이 있을 수 있다는 점을 염두에 두어야 한다는 것이다. 또한 역자가 인사관리업무의 전문가가 아니기 때문에 번역어를 잘못 선택하거나 개념을 전달할 때 오류를 범할 수 있다는 점이다. 이와 같은 오류를 최소화 하기 위하여 필요하다고 생각되는 원문표기는 괄호로 표시하였다. 본 서를 이용하여 더 공부해 보고자 할 때는 영문용어, 서명, 저자, 색인 등을 이용하여 관련 문헌들을 참고해 보는 것도 하나의 방법이 될 수 있을 것이다.

끝으로 책이 나오기까지 영어표현에 대한 조언과 격려 보내 준 여동생 이은영, 빨간 펜으로 지적하고 격려를 아끼지 않으신 감수자 김영애 선생님, 그리고 열심히 하라는 격려를 보내 준 친구들에게 감사를 전한다. 그 모든 분들의 관심이 없었다면 이 작업은 훨씬 어려웠을 것이고 부족한 점도 더 많았을 것이다.

2003년 9월 30일
이 은 경

차례

표

『인사기록물관리』 소개

모든 조직은 직원을 고용하고 인사기록물을 생산한다. 직원은 보통 조직의 가장 중요하고, 매우 값비싼 자산 중 하나이다. 다른 자산과 마찬가지로 직원은 최대한 이윤을 내도록 활용되어할 자원이다. 인사기록물을 적절히 관리하는 것은 이러한 목적 달성에 공헌하며, 이것은 국가와 개인의 권리를 보호하고 의사결정을 위해 정보를 이용가능하도록 함으로써 가능하다. 게다가 인사시스템은 급여시스템에 밀접하게 연결되어 있기 때문에, 개선된 인사기록물은 급여대장관리에 긍정적인 영향을 끼쳐 조직의 전체적인 예산에도 영향을 미친다. 인사기록시스템은 전적으로 문서 중심의 환경에 기초하든지 현재 확산되고 있는 전자적인 환경에 기초하든지간에 효과적으로 운영되어야 한다.

이 모듈은 필연적으로 인사기록물관리에 관한 주요 기능을 논의하고 있기는 하지만, 인사관리의 기술과 방식에 일차적인 관심을 두고 있는 것은 아니다. 오히려, 이 모듈은 일반적인 인사관리 과정에서 생성되는 기록물의 형식을 구분하고 설명하는 것을 목표로 하고 있다. 그리고 나서 그 기록물의 생산, 관리, 폐기 과정상 적합한 실무관행을 증진시킬 수 있도록 한다. 주요 초점은 개인 파일의 관리에 두고 있고, 그 개인 파일이란 개개인의 직원과 관련이 있는 소위 '사안파일(case file)'이다. 개인파일은 인사기록물의 대부분을 차지한다.

본 모듈 『인사기록물관리』는 기록물관리자가 인사관리와 관련된 전반적인 문제에서 기록물이 맡는 역할을 이해하도록 돕는 것을 목표로 한다. 본 모듈은 기록관리자와 각 팀장들 및 인사부서 직원과 같은 기록과 관련되지 않는 부서 직원들, 양쪽 모두가 공적인 설명책임성과 적절한 관리를 할 수 있도록 한다는 대의 아래 인사기록물을 관리할 수 있도록 돕는 것을 목적으로 한다. 또한 본 모듈은 기록물관리자들이 정책입안자와 인사관리자들에게 효과적인 인사기록물의 중요성에 대하여 조언하는 것을 가능하게 할 것이다.

본 모듈은 특히 이 프로그램 이전의 학습 과정을 마친 기록관리자들을 위해 쓰여진 것이다. 인사기록물에 대한 관리책임을 지는 자리에서 일하는 사람들을 위한 것이다. 다른 분야의 관리자들에게도 가치가 있을 것이며, 특히 폭넓은 시각을 구하는 인사관료에게 가치가 있을 것이다.

여기서는 인사기록물의 통제에 필요한 관리구조와 공공 부문의 인사 관리와 인적자원 계획을 위한 자료로서 기록물이 갖는 중요성을 이해하게 한다. 또한 개개 직원들의 권리를 보호하는 도구뿐만 아니라 직원들의 수와 직무수행도를 감독하는 도구로서 기록물의 역할을 살펴본다.

본 모듈이 주로 공적부문에서 인사기록물관리에 관여하는 사람들을 대상으로 하고는 있지만, 추천하는 원칙과 실무는 민간부문과도 관계가 있다.

본 모듈의 구성

『인사기록물관리』는 7개의 과로 구성되어 있다.
>   1과 : 인사기록물관리의 맥락
>   2과 : 인사관리 업무절차와 기록물
>   3과 : 개인파일의 특성
>   4과 : 수작업양식(manual form)에서 인사기록물의 관리
>   5과 : 서류/전자적인 공존 환경에서 인사기록물의 관리
>   6과 : 관리 문제
>   7과 : 다음은 무엇을 할 것인가?

이 모듈의 부록에는 인사기록물처리일정표(retention schedule)에서 발췌한 일부가 나와 있다.

목표와 성과

목표

본 모듈의 분명한 목표는 다음과 같다.

1. 인사관리의 목적을 설명하고 인사관리가 운영되는 법적인, 규제적인 상황을 설명한다.
2. 인사기록물의 생산자와 이용자(이해당사자들)의 역할, 주요기록시리즈와 그 용도를 설명하고 보안, 접근, 보존기간과 같은 사안을 검토한다.
3. 관련된 기본적인 업무 처리과정을 소개하고, 결과로 나타난 기록물을 설명한다.

4. 인사파일의 성격과 내용을 논의한다.
5. 문서를 기반으로 한 인사기록물시스템 관리의 원칙을 설명한다.
6. 효과적인 기능을 하지 못하는 현재의 시스템의 복구 또는 대체에 관한 안내를 한다.
7. 인사관리와 급여시스템이 통합하여 자동화 한 개념을 소개하고, 인사관리시스템을 급여체계에 연결에 관련된 정책 사안을 검토하고, 그 이익과 불이익을 검토한다.

성과

학습자는 본 모듈을 끝마쳤을 때, 다음과 같은 일을 할 수 있을 것이다.
1. 법적인 측면에서 인사관리의 목적을 설명, 관련된 기본 업무처리과정을 알아보고, 결과로 나타난 문서들을 이해
2. 관련된 주요 이해당사자들의 역할과 그들이 중요한 기록물 시리즈를 이용하는 용도의 이해
3. 인사기록물의 보안, 접근 그리고 보존에 관련된 사안들의 이해
4. 예견되는 인사와 급여통합시스템의 자동화를 기획하고 실행하는데 있어서 기록관리의 역할을 이해
5. 인사관리기록시스템이 효과적으로 작동하고 있는지 최신화 될 필요가 있는지를 결정

학습방법과 평가

7개의 과로 구성된 본 모듈은 약 65 시간 정도가 소요될 것이다. 학습자는 각 과에 대해 다음과 같은 시간을 사용할 계획을 세워야 한다.

제1과 8시간
제2과 10시간
제3과 10시간
제4과 12시간
제5과 12시간
제6과 8시간
제7과 5시간

이것은 각 과를 읽는 시간과 학습문제를 생각할 시간을 포함하고 있다.

각 과의 말미에는 주요 요점에 대한 요약이 있다. 추가적인 정보를 위한 자료는 7과에 나와 있다.

각 과에는, 제공된 정보에 대해 연구해 보도록 연습문제가 포함되어 있다. 각 연습문제는 '자기 평가' 프로젝트이며 '정답'도 '오답'도 없다. 오히려 제시된 아이디어를 연구해보고 이들을 학습자의 학습 또는 근무환경에 관련시켜보도록 장려한다. 만약 학습자가 이 과정들을 독자적으로 공부하고 있거나 기록물이나 보존기록관리 조직의 일원이 아니라면, 가능하다면, 가정된 상황하에 연습문제를 풀어보도록 노력한다. 만약 연습문제가 무엇인가를 쓰라고 한다면, 간단 명확하게 쓰도록 한다. 이것은 채점을 하거나 등수를 매기는 시험이 아니므로, 배우고자하는 정보를 이해하는데 필요하다고 느끼는 만큼의 시간만을 그 활동에 사용하면 된다. 각 과의 말미에 스스로 결과물을 평가할 수 있도록 연습문제에 대한 조언을 실었다.

각 과의 요약 다음에는 많은 스스로 학습문제가 나온다. 이 자습문제들은 학습자가 본 모듈의 자료를 검토하는 것을 돕기 위하여 고안된 것임을 주목하라. 그것들은 등수가 매겨지거나 채점될 시험이 아니다. 학습자 생각에 제시된 개념을 이해하기에 충분하다고 느끼는 만큼의 문제를 풀도록 한다. 숙제나 시험과 같은 외부적인 평가는 본 모듈이 등수가 매겨지는 교육 프로그램의 일부가 될 때 별도로 포함될 것이다.

추가자료

본 모듈은 학습자가 기록물사무실, 기록물센터나 기록보관소에 접근권이 있거나, 인사기록물관리와 어느 정도 관련이 있다는 것을 가정한다. 다양한 연습문제를 풀기 위해 학습자 자신의 경험을 반영해 보거나, 그 경험들을 이 모듈에서 제시되는 정보와 비교해 보아야 할 지도 모른다. 만약 학습자가 조직 내의 인사기록물이나 보존 기록에 접근권이 없다면, 연습문제들을 위해 가상의 시나리오를 생각해 내야 할 수도 있다. 학습자가 본 모듈에 대해 조직 내의 인사관리에 관련된 친구들이나 동료들과 논의할 수 있다면, 그래서 그들과 원칙이나 개념들을 논의하고, 서로 이해하는 바를 비교할 수 있다면 하고 바랄 수 는 있겠지만 본 모듈에 나온 연습문제를 해결하기 위해 직접적으로 인사관리와 관련될 필요는 없다.

사례연구

다음 사례연구는 귀중한 부가정보를 제공한다.

사례연구 :

31 : 바바라리드(Barbara Reed), 호주, '인사기록물: 사례연구'

인사기록물관리의 의의

인사기록물관리는 기관 전체에 해당하는 기능이다. 즉, 조직 내의 모든 부서와 행정단위에 영향을 미친다. 인사관리의 목표는 조직의 인적자원을 최대한 활용하는 것이다. 이 목표는 현재의 필요를 만족시키기 위해 기존의 자원을 잘 활용하고, 미래의 예상되는 필요를 충족시키기 위하여 이들 자원을 잘 개발함으로써 달성할 수 있다. 인사기록물은 인사관리기능상 중요하다.

1과는 인사기록물관리의 맥락을 설명한다. 인사기록물의 성격에 대한 정보와 그 중요성을 소개하고 나서 현대 인사 관리의 역사를 6단계로 나누어 검토한다. 이 과에서는 국가의 법적 요건과 관련하여 공적부분 인사기록물 관리의 중요성도 논의한다. 인사기록물보관과 관련하여 이해당사자(stakeholder)의 역할을 검토하고, 점점 증가하는 조직축소 강조 경향과 전자환경에서 인사기록물관리의 복잡성 증가 등 인사관리의 변화를 살펴본다.

1. 인사기록물의 성격

여러 가지 측면에서 인사기록물은 다른 행정기록물의 종류와 유사하므로 이 시리즈의 다른 책에서 설명한 기술 또한 적용할 수 있다. 그러나 인사기록물은 주의를 요하는 특징과 인사기록물의 보관을 특별히 중요하게 만드는 특징이 있다. 다음 연습문제의 답을 구하고 나서 인사기록물의 다양한 특징을 생각해 보라.

[연습 1]

이 도입부를 더 읽기 전에, 학습자가 인사기록물은 다른 종류의 조직기록물과 다르며, 특별한 관심을 요한다고 여기는 특질과 특성을 가능한 한 많이 들어보라.

인사기록물과 정부기능

> 인사기록물은 전체 정부시스템의 일부분이다.

정부는 보통 전국에 걸쳐 사무실을 가지고 있으며 그들 각각은 이런 저런 종류의 인사기록물을 보관하고 있을 것이다. 그래서 지역간의 의사소통의 질은 어떤 기록물보관 전략이 성공 또는 실패하기 쉬운가를 결정하는데 매우 중요할 것이다. 예를 들면, 의사소통이 느린 곳에서는 하나의 파일이 중앙의 지점에서 이용자에게 보내지는데 시간이 너무 많이 걸리기 때문에 복본파일에 대한 필요가 더 클지도 모른다.

인사기록물은 업무상의 필요를 보조한다. 훌륭한 인사기록물은 이용 가능한 직원을 최대한 활용하고 조직 내 효율성을 높이기 위해 필요하다. 기록물은 조직이 희소자원을 최대한 사용하도록 돕고 데이터의 정확한 근거를 제공하는 것을 도와서 이 데이터들이 조직 전반적으로 다른 정보시스템에서도 사용될 수 있도록 한다.

인사관리와 다른 정부시스템간, 특히 직원명부의 관리와 연금지출의 통제간에는 깊은 관계가 있다. 인사기록물보관시스템은 직원명부(payroll)시스템에 연계될 수 있다. 인사기록물은 직원에게 봉급과 그 밖의 혜택(benefits)의 지불에 대한 근거를 제공한다. 인사기록물과 직원명부(payroll)시스템 사이의 연계는 어느 한 쪽에 대해 변화를 주기 전에 충분히 이해되어야 한다. 하나의 시스템에서 일어나는 변화는 다른 시스템의 기능에 중요한 영향을 미칠 수도 있다. 예를 들면 인사와 직원명부(payroll)시스템을 통합한 전산화된 시스템을 만드는 이점이 있을지도 모른다. 그러나 기록물 관리자는 통합된 시스템을 만드는 것과 관련하여 전자적인 기록물관리에 대한 사안을 인식을 할 필요가 있다. 어떤 변화를 주기 전에 관련된 이용자들 모두와 폭넓게 상의하는 것도 중요하다.

인사기록물과 직원관리

> 인사기록물은 조직의 직원에 관한 주요정보원이다.

모든 조직의 과는 얼마나 많은 사람들이 자신을 위해 일하는지, 그들이 누구이며, 어디에 있으며, 어떤 책임을 지고 얼마나 효율적인지 알 필요가 있다. 인적자원기획자는 직원의 자질, 경쟁력, 승진일과 은퇴일도 알 필요가 있다. 어떤 나라에서는 이러한 문제에 관한 정확한 정보를 더 이상 구할 수 없을 정도로 기록시스템이 무너지기도 했다. 이와 같은 정보없이 직원을 효과적으로 배치하고 관리하는 것은 불가능하다.

인사 기록물은 다음을 포함하는 인사업무의 모든 영역에서 의사결정의 기초를 제공한다.

- 인적자원예측과 계획
- 채용과 선발
- 고용(승진, 전보, 징계절차, 계약만료, 정리해고)
- 교육과 훈련
- 급여행정
- 건강, 안전, 복지

직원급여대장에 많은 오류항목의 존재(유령작업자 -'ghost workers'로 알려진)는 공무원 예산에 막대한 비용을 의미한다. 유령작업자 문제와 싸우는 것은 낭비를 막고 정부가 실제로 존재하는 직원의 급여를 향상시킬 수 있게 하는 중요한 전법이다. 믿을만한 직원명부를 작성하는 것이 불가능하다면, 급여대장에서 유령작업자를 없애는 것은 불가능하다. 오직 정확한 인사기록물만이 이 일을 할 수 있다.

인사기록물과 직원

> 인사기록물은 직접적으로 직원에게 영향을 미친다.

조직 내 많은 다른 어떤 기록물보다도 인사기록물이 직접적으로 당사자인 직원과 그 가족에게 영향을 미친다. 인사기록물은 고용주와 직원간의 계약관계와 그 조직에서 직원의 경력을 입증한다. 이 기록물에 저장된 정보는 승진, 전보, 또는 어떤 경우, 징계(disciplinary)에 해당하는지를 결정을 하는데 사용된다. 이 기록물은 그 직원과 부양가족에게 부여되는 연금을 포함하여, 급여와 그 밖의 혜택을 결정하는 근거로도 사용될 수 있다. 그러므로 인사기록물이 정확하고 완전하다는 것은 매우 중요하다.

인사기록물은 또한 개인적 필요를 충족시킨다. 인사기록물은 개인의 권리와 당연히 받을 권리가 있는 혜택을 보호하고, 그들의 발전과 고용과정에 대한 증거를 제공하고, 그들에 대한 정확한 정보를 주는 권위 있는 정보원 역할을 한다. 인사기록물이 적절하게 관리되지 않을 경우, 연금 혜택을 계산하는 것은 매우 어렵고 시간을 소비하는 일이 된다. 어떤 나라에서는, 연금 지급의 지체는 최연장자에서 최연소자까지 은퇴한 거의 모든 공무원에게 영향을 미친다. 인사기록물의 완결성(completness)을 향상시킴으로써 위 작업을 빠르게 하고 많은 사람들에게 물질적인 혜택을 가져다 줄 수 있다.

인사기록물은 다음과 같은 사항을 포함한 그 밖의 다른 개인의 권리에도 영향을 미칠 수 있다.

- 일할 권리
- 사회적인 위치
- 승진경로
- 훈련자격
- 연금, 고용주와 피고용인 공동 분담하는 의료보험, 보험 등을 부여받을 권리

고용주와 피고용인을 만족시킨다는 목적을 달성하기 위해, 기록물이 기본적인 기준을 충족하는 것은 조직과 개인모두에게 이익이 되는 것이다. 인사기록물은

- 정확해야한다.
- 검증된 정보를 내용으로 해야 한다.
- 요구되는 모든 정보를 내용으로 해야 한다
- 관련된 모든 당사자에 의해 신뢰받아야 한다.

인사기록물의 민감성

> 인사기록물은 *유별나게(exceptionally)* 민감하다.

인사기록물은 개인의 직업적인(그리고 때때로 사적인) 상황에 대한 정보를 담고 있다. 이 기록물에 대한 접근은 엄격하게 통제되어야 하는데, 기록물의 이동경로와 사용흔적을 추적하기 위한 효과적인 통제시스템을 갖춘 물리적으로 안전한 환경아래 있어야 한다. 기록과 직원은 인사기록물 업무에서 획득한 정보는 결코 누설하지 않는다는 특정한 책임을 부여받았다는 것을 인식해야만 한다. 이 기록물에 대한 접근과 관리에 관한 윤리적인 고려점을 이해해야한다.

인사파일에 대한 접근 제한은 보통 있는 일이다. 어떤 경우에는 이 제한은 통제구역과 같은 물리적 보안, 심지어 비밀자료를 위한 물리적으로 분리된 시스템을 포함하기도 한다. 대부분의 조직에서, 개인파일은 직무상 그 파일을 이용해야만 하는 사람들만 볼 수 있다. 부적절하고 유해한 수정으로부터 파일을 보호하기 위해 검토작업이 종종 실시된다. 어떤 나라, 특히 정보의 자유를 보장하는 법이나 사생활보호법을 가진 나라들은 개인이 전부 또

는 부분적으로 자신의 파일을 찾아 볼 수 있다. 잘못되었다고 생각하는 부분에 대해 수정이나 정정을 할 수 있다.

인사기록물의 수명

> 인사기록물은 오랜 기간동안 활용상태를 유지한다.

인사기록물은 해당 직원이 근무하는 동안은 생산 부서에 의해 이용될 것이다. 많은 경우에 몇 십 년이 될 것이다. 덧붙여, 조직은 종종 은퇴한 직원의 복지를 어느 정도 책임진다. 그래서 인사 부서는 그 사람이 은퇴한 후라도 개인파일에 접근할 필요가 있을 수 있다. 게다가, 조직은 은퇴한 직원(그 또는 그녀의 부양가족)이 연금을 수령하는 동안 그에 대한 어떤 기록은 유지관리되고 갱신할 필요가 있을 것이다. 이것은 인사기록물을 생산하거나 유지하기 위해 사용될 기술을 결정할 때 적어도 70년 동안의 기록물을 검색할 필요가 있다는 점을 고려해야 한다는 것을 의미한다. 이것은 전자기록관리시스템을 평가하는 경우 특히 관계가 있다.

인사기록물의 수량

> 인사기록물은 방대하다.

전형적으로 공공업무(public service)는 인사기록물의 양이 매우 많고, 이들 대부분은 문서형태로 계속해서 보관된다. 이 기록물 관리의 실패는 사무실 공간을 상당량 낭비하는 것이며 비용과 직원의 시간과 관련해서 주요한 시사점(implications)을 가진다. 그래서 인사기록물에 대한 변화는 대규모로 실행하기 전에 잘 디자인되었는지 확인하기 위해 작은 규모로 '추진되거나' 시험해 보는 것이 중요하다. 이렇게 하지 못하면 비싼 대가를 치뤄야 하는 실수를 할 수 있다.

[연습 2]

조직이 학습자의 인사 파일 정보를 어떻게 이용할 수 있다고 생각하는가? 학습자는 그 정보를 어떻게 이용할 수 있는가? 각 질문에 대해 생각해 낼 수 있는 한 많은 답을 적어보라. 정부가 학습자에 대한 개인정보를 어떻게 관리해 주기를 기대하는지 써라.

---

2. 인사관리의 발전(Evolution)

인사관리기능은 직원의 채용, 배치, 개발과 훈련에서부터 징계문제와 직원평가까지 다양한 활동에 걸쳐 있다. 이것은 노동조합이나 직원단체와의 협상뿐만 아니라 불만처리절차, 정리해고와 해고, 인력자원계획, 봉급구조와 피고용인의 조건과도 관련이 있다.

> 현대기록물관리의 발전에는 6단계가 있다.

어느 전문적인 활동과 마찬가지로, 인사관리는 시간이 지나면서 더 복잡하게 발전되고 성장해왔다. 저명한 인사관리전문가 마이클 암스트롱은 현대인사관리의 발전을 6단계로 구분했다. 이 단계들은 아래와 같이 요약된다. 이 과정은 일차 세계대전 이후 산업국가에서의 발달을 대표한다. 어떤 국가들은 다른 발전을 경험했을 수도 있지만, 이 모델이 인사 기록물과 관련된 기능, 활동, 관리적인 구조를 이해하는데 기본으로 유용하다.

1 단계 : 복지

복지 단계는 직원에게 사원식당(canteens)과 같은 시설을 제공해주고 그들의 이익을 돌보는 것을 수반한다. 일차세계대전 동안 상당수의 복지담당관이 나타났다.

2 단계 : 인사행정

일차세계대전과 이차세계대전 사이에 채용, 기본 훈련과 기록 보관의 형식으로 관리에 대한 인사 행정적인 지원이 도입되었다.

3 단계 : 인사관리-발전국면

이차세계대전 동안 그리고 1950년대를 통해, 급여관리, 감독훈련, 그리고 산업관계(industrial relations)에 관한 조언을 포함하는 인사업무의 전체 범위가 출현하였다. 인사관리는 주로 전술적(tactical) 수준에서 운영되었고 전략적인(strategic) 문제는 상대적으로 관련이 별로 없었다.

4 단계 : 인사관리-성숙국면

1960년대와 1970년대를 통해 체계적인 훈련(훈련위원회의 영향아래), 수행평가, 인적자원계획이 도입되었다. 인사관리는 좀 더 복잡한 훈련, 급여관리(salary administration)와 평가기술 (목적에 의한 경영)을 이용하게 되었다. 또한 업무계획과 동기부여에 행동과학의 지식을 응용하게 된다. 전략적인 사안, 특히 산업관계(industrial relations)에 관한 부분에 인사관리자들의 개입이 증가했다.

5 단계 : 인사관리- 기업가적인(entrepreneurial) 국면

1980년대는 인사기능이 기업문화와 시장경제에 적응하는 모습이 나타나게 되었다. 새로 나타난 기업가적인 인사관리자(entrepreneurial personnel director)는 전략적인 사안과 매우 관련이 많으며 이익(profitability)에 공헌을 하였다. 많은 경우, 긍정적인 '기업문화' 발전에 대한 관심이 있었다.

6 단계 : 인사관리-후기 기업가적인(post entrepreneurial) 국면

1990년대에는 탐욕과 개인주의 등을 강조하는 기업문화의 몇몇 부정적인 측면에 대한 반향이 일어났다. 이제는 공동작업의 미덕과 '동의의 풍조'가 강조되고 있다. 이 기간 동안 인적자원관리의 개념이 대중화되었다. 이것은 조직의 주요 인적 자원, 즉, 사람을 확보해서, 발전시키고, 관리하고 동기부여하고, 이들의 헌신을 얻기 위한 전략적 시도로 정의할 수 있다.

3. 인사관리의 입법배경

공적부분은 일반적으로 한 국가에서 가장 대규모의 고용주이다. 이 사실 자체만으로도 인사기록물을 포괄적이며 정확하고 최신으로 유지하는데 적지 않은 문제들을 야기한다. 공적부분은 한편으로는 단일기관으로 간주될 수 있다. 또 다른 관점에서 볼 때는 정부부처에서 준정부 단체, 지방정부단체, 건강단체, 교육과 문화기관, 그리고 다른 형식의 기관들에 이르기까지 본질적으로 다른 다양한 단체들로 구성되어 있다.

공적부문내의 각기 다른 단체에서 이루어지는 인사관리는 조직에 따라 그 자치의 정도가 상당히 다르다. 궁극적으로 모든 단체는 어느 정도는 행정기관장실, 공익사업위원회(public service commission), 공익사업을 담당하는 부처 그리고 재정과 회계일반(봉급을 목적으로)을 담당하는 부처와 같은 중앙기관에 보고할 책임이 있다. 서로 다른 기관들이 인사관리에 관련할 수 있기 때문에, 정부부처의 서로 다른 많은 사무실에서 같은 사람에 관련된 인사기록물을 발견하는 것은 흔히 있는 일이다. 그 결과, 특정 개인의 완전한 경력기록을 찾아내어 한곳에 모아두는 것은 어려운 일이될 수 있다.

> *정부의 서로 다른 많은 사무실에서 같은 사람에 관련된*
> *인사기록물을 발견하는 것은 흔히 있는 일이다.*

　고용관계를 지배하는 적법한 구조는 국가별로 다양할 것이며 피고용인에게 각각 다른 정도의 고용보장을 제공할 것이다. 공적부분을 지배하는 법령은 사적부분을 지배하는 법령과는 다를 수 있다. 행정기관 내 고용의 기간과 조건은 헌법이나 공익사업위원회를 지배하는 제정법에 의해 지배된다. 이 증거서류들은 적어도 국가의 고용법 만큼이나 그렇게 포괄적이며 이익이 되는 고용의 조건을 제공해야 한다.

　모든 인사업무는 그 국가내의 법이 정하는 고용구조에 따라야 하고 하부의 법령과 일치해야 한다. 예를 들면, 많은 국가에는 고용법, 노동분쟁법, 노동자보상법, 그리고 공익사업위원회법을 포함하는 제정법이 있다. 기록물 관리자는 기록물관리와 관련되기 때문에 고용관계 법조항들에 정통해야 한다. 어떤 조직에서나 인사를 담당하는 임원(officer)은 법으로 정해진 요건과 고용조건을 지배하는 다른 법령을 잘 알고 있어야 한다. 고용법 변화의 함축적인 의미에도 민첩하게 대응해야 한다. 조직의 외부, 예를 들면 공익사업위원회나 행정기관내의 법률관계에서 조언과 지도를 구해야 할 경우도 있다.

[연습 3]

　정부에서 인사관리를 특별히 지배하는 어떤 제정법이 있는지 찾아보라(만약 사적부분에서 일하고 있다면 조직의 어떤 정책들이 인사관련 사안들을 언급하고 있는지 찾아보고, 조직이 인사를 관리하는 방법을 지배하는 제정법 또한 찾아보라. 제정법이나 정책을 검토하고, 개별적인 증거서류별로, 학습자가 생각하는 그것의 주목적이 무엇인지 그리고 그것이 인사관리의 어떤 특정한 부분을 지배하는 지 확인해 보라.

인사를 관리하기 위한 합법적인 구조의 최우선 목표는
- 고용인의 권리와 의무를 정하는 것
- 피고용인의 권리와 의무를 정하는 것
- 고용인과 피고용인 사이의 분쟁을 해결하기 위한 구조(mechanism)를 설정하는 것(개인적인 불만의 수준이나 더 범위가 넓은 분쟁에 관계없이)

그 법률구조 내에서는, 조직이 다양한 유연도에 따라 그 인사기능을 운영할 수 있는 범위가 있다. 법률적인 틀은 국가에 따라 확실히 다르지만 여러 가지 방법으로 피고용인을 보호하고자 한다. 예를 들면, 일자리를 구하는 사람은 다음 사항에 대해 전적으로 또는 부분적으로 보호를 받을 수 있다.

- 인종, 성별, 피부색과 나이의 차별
- 노동조합이나 정당의 가입자인가 아닌가의 차별
- 장애에 대한 차별
- 주어진 기간이 만료되었을 때 '처벌이 된 범죄(spent offences)'를 신고하도록 요구 당하는 것('처벌이 된 범죄'란 처벌의 복무기간이 이미 완료된 것)

업무를 시작하자마자 피고용인은 다음의 사항에 대해 부분적으로 또는 전적으로 받을 자격 또는 권리가 있다.

- 인종, 성, 정책이나 노동조합활동을 이유로 하는 해고나 다른 부당한 처우로부터 보호
- 동등한 노동에 대한 동등한 임금(남녀모두)
- 임신 진료를 위한 유급휴가
- 노동조합 업무를 위한 유급휴가
- 안전담당관 임무를 위한 유급휴가
- 공공업무를 위한 유급휴가
- 병가 중 법이 정하는 급여
- 계약조건에 관한 증서
- 항목화된 급여명세서
- 정리해고시 협의

고용법의 복잡함 중의 하나는 근무자들이 개개인의 적법한 권리를 얻기 전에 요구되는 특정복무기간이나 견습기간이 국가별로 상당히 다양할 수 있다는 점이다. 예를 들면, 피고용인은 다른 고용기간 후에 다른 권리를 가질 수 있다.
예를 들면 다음과 같다.

- 4주 후에, 피고용인은 만약 직장을 잃을 경우 최소한의 고지기간을 받을 자격이 되며, 고용주가 업무를 제공하지 않을 경우 보장된 급여를 받고 해고로부터 보호받을 수 있다.
- 26주 후에, 출산기간동안 법이 정하는 급여를 받을 자격이 된다.
- 2년 후에, 해고사유서를 받을 자격, 부당한 해고로부터 보호를 받을 자격, 정리해고에 대한 보상금(redundancy compensation), 정리해고의 경우 직업을 찾기 위한 유급 휴가

와 임신 후 업무 복귀 보장

조직이 시행중인 법과 정책을 따르는 것을 보여주기 위하여 인사기록물이 파손됨 없이 보관되는 것이 중요하다.

전통적으로, 행정기관과 다른 공적부분 단체에 의해 고용된 직원의 대다수는 상임지위 (permanent statutes)를 가진다. 이 지위는 만족할 만한 수행의 대상이 되는 경우, 일반적으로 전일제 고용과 종종 은퇴연금을 받을 자격을 부여한다. 또한 숙박, 여행, 무료 또는 저비용 건강계획 그리고 과부나 아이들을 위한 연금과 같은 다른 수당을 받을 자격을 부여받을 수 있다. 이들 다양한 수당은 인사관리공정의 복잡성을 증가시키고 부가적인 기록물을 생산한다.

> *인사관리를 위한 법률적인 구조의 목적은 고용주와 피고용주의 권리와 의무를 정하고 분쟁을 해결하기 위한 수단(mechanism)을 설정한다.*

4. 이해당사자들 식별하기

공적부분은 일반적으로 국가에서 가장 큰 기관이며, 종종 국가 지출의 30%-50%를 차지한다. 그 중에서 80%는 봉급, 임금과 연금, 또는 다른 공적부분의 피고용인을 위한 다른 수당으로 사용된다.

그 크기와 복잡성 때문에, 공적부분은 그 피고용인에 관한 정확하고 최신의 기록을 유지하는데 종종 심각한 문제에 직면한다. 이 어려움은 한편에서는 과도한 지출의 결과로, 다른 한편에서는 직원에 대한 권리침해로 교대로 나타날 수 있다. 인사관리시스템의 개선은 점차로 정부와 직원개개인에게 중요한 혜택을 제공하는 수단으로 간주되고 있으며, 인사기록물의 관리는 이 과정에 중요한 공헌을 할 수 있다.

인사기록물시스템이 개선되면서 요구가 충족되도록 인사기록물을 생산, 이용하고 인사기록물에 의해 영향을 받는 사람들을 식별하는 것이 가장 중요하다. 이들은 이해당사자들로 알려져 있다.

> *이해당사자들* : 조직의 관심, 자원 또는 산물을 요구하고, 또는 그 산물에 의해 영향을 받는 사람, 단체 또는 다른 조직

공적부분에서 인사기록물의 주요 이해당사자는 그 기관들, 정부 부서를 통해, 스스로의 목적을 위해 인사기록물을 생산하는 국가 그 자체이다. 어떤 조직에서나 직원들은 주요 자원이며, 그리고 국가도 예외는 아니다. 이 자산이 최대한의 이익을 내도록 적절히 배치하는 것이 필요하다. 국가는 이 이익을 다양한 공적조직을 통해 실현하며, 그 공적부분의 부서는 다음부처의 일부나 전부를 포함할 것이다.

- 행정기관장의 사무실
- 재정을 담당하는 부처
- 공공업무위원회
- 공공업무부서
- 인사관리부
- 회계관리부
- 연금사무부
- 감사부
- 국가안보를 담당하는 부서
- 국립기록보존소
- 일선부처와 그 산하기관

이 사무실의 대부분, 그리고 아래 언급된 다른 기관에는 행정과 인사를 담당하는 기관장이 있을 것이다. 이 사람은 인사관리와 인적자원계획을 책임질 것이다. 이 역할을 통해, 기관장은 인사정책과 정부의 규칙, 특히 특정기관에 해당하는 특정한 정책과 절차를 수행할 책임이 있다. 효과적인 인사관리는 이 모듈임의 중요한 부분이다.

> 공적부분의 인사기록물의 주요 이해당사자는 국가이다.

인사기록물관리에서 두 번째로 매우 중요한 이해당사자는 기록물의 대상이 되는 개인이다. 그 사람에게 있어서, 그 또는 그녀의 경력과 생계수단은 완전하고 정확한 기록물에 대부분 의존한다. 부정확한 기록물은 개인이나 그 또는 그녀의 가족의 권리와 부여받을 것들에 대해 영향을 미칠 수 있다.

직원의 조직체나 노동조합대표자들 또한 이해당사자들이다. 그들은 분쟁이 발생할 경우 개인의 권리가 보장되도록 노력한다. 부정확하고 잘못된 기록물이 있을 때, 협상은 공평하기 보다는 차라리 논쟁으로 시작하는 경향을 띤다.

일반적으로 사회 또한 사람들에 대한 정부의 기록이 정확하고 믿을 만한 가치를 확보하도록 하는데 이해관계를 가진다. 개인들의 기록이 명백히 부정확할 때 정부에 대한 신뢰는 순식간에 파괴된다. 신뢰의 상실과 개인적인 무기력함은 바로 정부의 구조를 약화시킨다.

인사기록물관리의 과정은 관련된 이해관계 집단의 수 때문에 꽤 복잡하다. 게다가, 많은 기록물은 다른 이해당사자들에 의해 복사된다. 특히 중앙인사부서와 의사소통이 어려울 경우, 일선부처의 지역사무소들은 그들 자신의 인사파일 묶음을 보관할 수 있다. 그래서 '정보의 흐름'이 꽤 복잡할 수 있다.

> *정보의 흐름을 검토하는 것에 관한 정보는 『업무체계분석 (Analysing Business System)』편을 보라. 정보흐름의 문제는 이 과 에서 나중에 논의된다.*

기록물관리자들은 아래 설명된 단체들의 일부 또는 전체의 필요사항을 평가할 필요가 있다.

중앙 공통(Common) 업무부서

공공업무위원회(Public Service Commission)

어떤 정부 시스템에서는, 공적 또는 행업무위원회는 특정 등급 이상의 모든 임용을 처리한다. 다른 정부에서는 이 책임이 기능별로 나누어진다. 예를 들면, 교육에 관한 책임이 있는 위원회가 있을 수 있으며, 이 위원회는 교육 임용을 처리할 것이다. 업무위원회의 주목적은 그 행정 기관 내 업무를 위해, 공무원을 전형적으로 고위직 집행 사무관 수준 이상으로 임용하는 것이다. 위원회는 또한 임용을 확인하고 공적업무에 임용된 사람들에 대한 징계감독을 하고 임용을 종료할 것이다. 다른 활동으로 임용증가의 연기, 강제퇴임, 벌금, 전보와 승진을 감독하고, 임용, 강등, 홍보, 금지, 정직과 파견근무를 실행한다. 업무위원회는 훈련과 개발에도 관계가 있을 수 있으며 그들은 효율과 효과를 위해 기관을 감독할 수 있다. 전형적으로, 위원회는 2과에서 기술되는 바와 같이 채용파일을 만든다.

행정기관 또는 공공기관장의 사무실(The Office of the Head of the Civil or Public Service)

이 부서는 결국 인사기록물 관리를 포함하여 행정기관의 경제성, 능률 그리고 효율성을 책임진다. 사무원이나 임원의 모든 직원을 임용할 수 있다. 대부분의 경우, 직원들의 인사기록물을 보관하고 다른 특정한 범주의 피고용인, 예를 들면 행정기관의 특정한 수준이상의 공무원들과 같은 피고용인에 대한 기록물을 보관할 수 있다. 또한 행정기관 또는 특정급수나 직장집단[1](occupational group)의 수행능력을 감독하기 위하여 인사기록물에 관한 정보를 구하고 이용한다. 고용의 재정부분에 이해관계가 있다.

재무부(Ministry of Finance)

재정을 담당하는 부처나 부서는 궁극적으로 공무원의 지급을 책임진다. 그래서 예산목적, 특히 공무원의 총 수, 등급, 그리고 지급의 수준과 관련해서 인사기록물의 정확성에 관계가 있다. 봉급과 임금의 지급을 위한 궁극적인 책임은 정부회계일반이나 재무부의 장에게 달려 있다. 재무부는 독립적인 기관이며 그 결정은 어떤 사람이나 기관에 변경될 수 없다. 그러나 그 권한의 일부는 부서나 자문위원회의 장에게 위임될 수 있다.

회계관리부(Accountant General)

회계관리부는 공무원에게 지급하는 일을 담당한다. 신규채용을 포함한, 모든 직원에게 부여된 지급(pay entitlements)에 대한 정보 그리고 그 상황의 변화에 대한 정확한 정보를 요구한다. 이 변화는 승진, 강등, 보직, 수당, 은퇴, 사망(직무중이거나 직무 후에 상관없이) 그리고 해직을 포함할 수 있다. 일반적으로 이 부서에는 직원급여대장을 책임지는 단위 부서가 포함된다.

연금부서(Pentions Office)

연금을 지급하는 일에 책임이 있다. 은퇴연령을 계산하기 위하여 생일에 대한 정확한 정보를 요구한다. 휴가를 포함한 복무기간을 정하기 위하여, 정확한 임용일을 필요로 한다. 연금(pension entitlement)을 계산하기 위해 수령된 지불에 대한 정보가 필요하다. 어떤 나라에서는 연금부서는 과부나 고아들의 연금계획을 담당한다.

감사부서(Audit Office)

재정감사를 담당하고 능률감사를 수행할 책임이 있다. 두 역할 모두 인사기록물을 이용한다.

인사관리부서(Personnel Management Office)

---

[1] 동일직종 또는 유사직종의 직업 종사자가 직업의 동일성을 기반으로 조직하는 집단. 두산세계대백과 참조. (역자주)

이 부서의 목적은 인사정책을 개발하고 관리하고, 인적자원개발을 안내하며, 행정업무에서 전반적으로 관리 업무를 향상시키는 것이다. 이 역할에서, 보통 일정 수준 이상의 공무원의 인사기록물을 보관할 수 있다. 인사관리를 담당하는 부서를 포함하며 그 부서는 인사기록물시스템을 현대화하는 일과 직원수행능력평가를 포함한 직원개발프로그램을 감독하는 일과 관련된다.

국가보안부서(National Security Office)

어떤 정부 임용은 매우 민감하고 경찰이나 국가안보국의 심사를 필요로 한다. 개인에 관한 보안보고는 일반적으로 보안분류등급의 대상이 되며, 그 등급은 처리와 보관에 규칙을 규정한다.

국립기록보존소(National Archives)

국립기록보존소는 국가의 중요인물의 인사기록물의 선택을 포함하여 국가에 영구적인 가치를 가진 기록물을 보존할 책임이 있다. 어떤 국가에서는 인사기록물을 포함한 현용 그리고 준현용 기록물의 관리와 운영시스템에 관한 조언을 할 책임도 있다.

일선부처(Line Ministries)

일선부처는 낮은 수준의 채용, 전형적으로 사무직원과 수작업에 관한 책임을 떠맡는다. 이들은 직원의 일부나 전부의 인사기록물을 유지하고, 회계관리부를 포함한 중앙당국에 의해 요구될 수 있는 인사에 관한 반송이나 다른 정보를 전달하는 것에 관한 책임이 있다.

개개의 이해당사자들

직원 개개인 인사기록물의 관리에 주요 이해관계가 있다. 그들은 고용과 경력관리를 목적으로 자신에 대한 개인 정보를 정부에 위탁한다. 개인들은 인사기록물이 보안이 되어 민감하게 처리되며 그것을 볼 진짜 이유를 가진 사람들에게만 이용될 수 있기를 기대할 권리가 있다. 그들은 인사 파일에 포함된 정보가 정확하고, 최신 정보로 유지되며, 검색될 수 있다는 것 또한 기대할 수 있다.

게다가, 직원들은 다음의 사항에 대해 확신이 있어야 한다.

- 업무의 기한과 조건은 준수될 것이다.
- 보상이 정확하고 정해진 날짜에 지급될 것이다.
- 혼자 남은 배우자나 자녀들을 포함하여 자격이 있는 사람들에게 연금을 계산하기 위해 정확하고 적절한 정보가 이용될 것이다.

어떤 나라에서는, 개별 공무원은 그들에 관한 보관된 정보를 볼 권리가 있다. 이 권리는 관리지시를 통해 정해지거나 정보의 자유 또는 다른 법률에 의해 권리로서 정식으로 기술될 수 있다.

> *직원 개개인은 개인기록관리에 주요한 이해관계를 가진다.*

[연습 4]

위에서 논의된 각각의 이해당사자들에 대해 학습자의 조직에서 그 특정 부서, 사무실, 기관을 위한 공식명칭을 결정하라. 공식이름을 적고 그 부서의 기능, 활동 특히 인사관리와 관련하여 요약 기술하라. 이 분석에 근거하여, 확인한 부서들이 조직의 인사기록물 보관의 주요한 이해당사자들이라고 생각하는가? 여기 언급되지 않은 다른 이해당사자들을 생각할 수 있는가?

---

5. 다양한 이해당사자들에게 정보제공

이해당사자들의 다양성은 매우 복잡한 정보흐름으로 나타날 수 있다. 어떤 경우에, 인사 정보는 이 정보를 필요로 하지 않는 기관으로 보내지거나 복수의 복사본을 필요로 하지 않을 수도 있다. 많은 수의 이해당사자를 만족시키는 가장 큰 어려움 중 하나는 너무 많이 또는 너무 적게 제공하지 않고 정보를 제공하기 위한 가장 좋은 방법을 결정하는 것이다.

다음 연습은 시스템이 과도하게 복잡할 때 무슨 일이 일어날 수 있는지를 요약한 것이다. 정보흐름의 문제가 효과적인 인사기록물관리에 매우 중요하기 때문에 얼마간의 시간을 이 연습에 소비해야 한다. 효과적인 시스템의 설정은 다음 과에서 더 논의될 것이다.

[연습 5]

다음 예를 고려하라

1990년 서부 아프리카 국가에서 인사기록물의 많은 사본이 불필요하게 생산되고 배포되었다는 것을 발견하였다. 공공업무위원회는 고위집행공무원 수준보다 더 높은 수준에서 공무원을 임용하였다. 이 수준에서는 15,000명의 공무원이 있었고, 1년에 대략 1,000 건의 신규 임용과 약 3,000건의 승진이 있었다. 각 임용과 각 승진은 약 15장의 서류를 생산하였다. 임용장과 승진장은 다음과 같은 곳으로 보내졌다.

> 행정기관장의 사무실(개인파일에 배치되었어야 하나 종종 그렇지 않은)
> 관련부처(해당 부서를 위해 관리되는 파일에 정리됨)
> 해당 부서(직원 개개인의 파일에 정리됨)
> 회계관리부(이 복사본은 이용되지는 않으나 묶음으로 처리되어 보관됨)
> 감사국장(직원급여대장을 감사하기 위하여)

공공업무위원회 자체는 그 공식문서의 복사본 세 부를 보관한다. 하나는 각 임명자들을 위한 개인파일에, 하나는 관련 부서에 관련된 파일에 그리고 나머지는 운영파일에 보관한다.

해당 부서는 편제인원 인가서(an establishment warrant)(편제된 직위를 위해)나 보임자의 변경보고서(편제되지 않은 직위를 위해)의 사본 5부와 함께 임명장과 승진장의 사본을 만들어 심사를 위해 관련지부의 장이나 회계관리부의 재무위원회(accountant general's treasury)에 보낸다. 지급은 직원급여대장에서 집중되어 있고 그 재무위원회의 심사과정 대상은 아니기 때문에, 이 사본들은 다른 목적으로 사용되지 않는다.

편제인가서나 보임자변경보고서는 심사된다. 한 부의 사본이 승진장이나 임용장과 같이 보관된다. 다른 것들은 부서로 반환된다. 부서는 한 부를 편철하고 한 부를 복사하여 사본화하며 그것은 직원급여대장 입력종이(input sheet)와 함께 관리자나 회계관리부의 직원급여대장과로 보내진다.

이 정보에 기초하여, 이 시스템에서 정보의 흐름을 그리거나 기술하라. 누가 어떤 정보를 처음 받는가? 다음으로 누가 정보를 받는가? 어떻게 관리되는가? 어떻게 하면 정보의 흐름이 보다 능률적이며 효과적으로 개선될 수 있는가?

6. 인사관리의 경향

점차로 세계 각국의 정부는 민영화, 시장 테스트(market test), 지방분권 그리고 다른 방법을 통해 그 활동의 범위와 규모를 줄이라는 정치적 재정적 압력아래 있다. 게다가 법률에 의해서 또는 노동조합들로부터 다음 사항을 제공하도록 요구받을 수 있다.

- 여성 고용의 동등한 기회부여
- 업무분담, 탄력시간제, 그리고 임신 육아 휴가와 같은 융통성 있는 근무조건

최근에 중앙부처에서 개별적인 기관으로 인사관리의 책임을 이전하는 경향이 널리 퍼지고 있으며, 그리고 개별 기관은 중앙에서 정한 범위 내에서 그들의 목표, 직무기술, 급여수준 그리고 다른 조건을 정의하는데 상당한 탄력성을 가지게 되었다. 또한 그 기관은 특정한 업무를 사적부분으로 이전시킬 수 있다.

> *최근, 정부의 규모를 줄이고 인사관리의 책임을*
> *중앙부처에서 개별적인 기관으로 이전하는 경향을 띄고 있다.*

이 변화는 특정기간동안 운영되는 기간계약과 같은 고용계약의 도입을 요구한다. 권리, 부여받도록 되어 있는 자격(entitlements), 계약조건은 개인들과 협상될 수 있다. 임금, 수행목표 그리고 급여 외 혜택은 협상될 수 있다. 정확한 기록보관은 그와 같은 비정형적은 협의의 진전을 추적할 수 있고, 고용주와 피고용인 모두의 권리를 보호하기 위해 필요한 증거를 제공한다. 몇몇 나라에서 이들 기록의 많은 부분이 인사기록물과 편철되어있다.

이 경향은 한정된 자원을 가진 국가들, 예를 들면, 상당한 국제적인 부채를 지고 있는 나라들이나 국제사회로부터 재정적인 도움의 대가로 공공 부분의 규모를 줄이도록 압력을 받아온 나라들에게 특별히 중요하다. 몇 몇 경우, 이 감소는 채용동결로 달성될 수 있으나 대부분의 경우 정리해고 노동자들을 만들어 낸다. ('경비절감' 또는 '규모축소'로 알려짐)

이 직원감소 과정은 종종 직원에 대하여 이용 가능한 통계정보의 취약함을 드러내며 그 결과 많은 나라들은 그들의 인사정보를 좀 더 효과적으로 관리하기 위해 특정한 데이터베이스 또는 전산화된 인사관리시스템을 개발해 왔다.

그러나 경험에 의하면 문서로 된 인사기록물이 잘 조직되어 있지 않고 불완전한 경우, 전산화의 성공은 제한적이라는 것을 알 수 있다. 대부분의 경우 문서로 된 개인파일은 새로운 전산화 시스템에 대하여 유일하게 신뢰할 만한 정보원이다. 이 시스템의 성공에 잘 보관

된 문서인사기록물은 중요하다. 정확한 인사기록물은 인원감축된 직원이 받게 될 최종급여 외 혜택을 정산하는데 필요하다. 전반적으로 공공업무의 규모를 줄이는 정책은 증가되어 왔으나 효율적인 기록관리의 필요성을 감소시키지는 않는다.

점차로 공공부분은 민간부분이 피고용인들의 노동의 질과 효율성을 개선하도록 기술을 제공하기를 기대하고 있다. 특히 직무수행관련 승진과 지급체계의 도입은 보편화되었다. 직원의 수행능력의 질을 향상시키는 일은 정확하고 완전한 개인파일을 요구한다. 그 이유는 근무기간 내내 개인별수행의 세부적인 기록이 요구되기 때문이다.

만약 우리가 미래로 시선을 돌린다면, 관리의 다른 모든 측면들이 점점 더 정보집중화되어 가는 것은 분명해진다. 전반적으로 정보기술의 도입으로 인사관리의 변화가 수반된다. 새로운 정보시스템은 어쩔 수 없이 새로운 종류의 인사기록물을 생산할 것이다. 이 기록의 많은 부분은 전자적 형태를 띨 것이며, 특화된 관리와 기술을 요구한다. 미래의 기록 관리자는 일단 생산된 인사기록물의 관리뿐만 아니라 인사관리시스템이 시행되기 전에 그 시스템을 디자인하는 분야에서도 인적자원관리 목표를 달성하는데 더 많은 공헌을 해야 할 것이다.

더 많은 전자기록물의 보관을 위해『전자기록물관리(Electronic Management Records)』편도 보라.

[연습 6]

학습자의 조직내 현재 인사관리시스템을 검토하라. 인사업무의 감소, 인사관리의 분산, 전산화 시스템의 도입 등 인사관리의 범위와 성격이 변화되었는가? 학습자가 확인한 변화를 요약 설명하라. 그리고 그 변화들이 어떤 기록물을 생산하고 어디에 보관할 것인지에 어떤 영향을 미쳤는지 설명하라. 생각할 수 있는 많은 아이디어를 적어 보라. 학습자는 그 조직에서 발생하는 경향을 이해하기 위해, 인사관리와 인사기록물 보관 업무에 관여하고 있는 동료들과 이 활동을 토론할 수 있다.

요약

1과에서는 인사기록물의 성격을 논의하고 공공분야에서 그 관리의 중요성을 언급하였다. 또한 인사관리기능과 현대 인사관리 발전과정 중 6단계를 소개하고 국가의 법률적 요건에 관계된 기록을 관리할 필요를 강조하였다.

다양한 이해관계기관들의 필요사항 때문에 개인기록물을 관리하는 일은 점점 더 어려워진다. 이 과에서는 주요 이해당사자들의 역할을 탐구해 보았다. 여기에는 기록의 대상이 되는 개인, 그(녀)의 고용주들뿐만 아니라 다음 항목들이 포함된다.

- 행정기관장의 사무실
- 재정담당부처
- 회계관리부
- 연금사무부
- 감사부
- 공공업무위원회
- 공공업무부서/부처
- 인사관리부
- 국립기록보존소
- 일선부처와 그 산하기관

이 과에서는 특정인사관리활동이 불필요한 기록의 축적을 초래하는 정보의 흐름이 어떻게 관련될 수 있는지를 검토해 보았다.

이 과에서는 인사관리에서 변화 경향을 조명하였다. 이 변화에는 규모축소를 점점 더 강조하는 경향과 전자적 작업 환경에서 인사기록물 관리의 복잡성이 증가하는 경향이 포함된다.

학습문제

1. 조직내에서 다른 기록물로부터 인사기록물을 구별하는 4가지를 설명하라.
2. 조직과 그 안의 개인들에게 인사기록물이 중요한 이유를 3가지 기술하라.
3. 왜 개인파일을 보호하고 물리적으로 안전하게 해야 하는가?
4. 마이클 암스트롱이 확인하고 이 과에서 요약된 현대 인사관리의 6단계를 설명하라.
5. 인사관리기관이 보고해야 할 정부내 기관은 어디인가?
6. 어떤 종류의 입법이 인사관리에 영향을 미치는가?
7. 인사관리의 법적 근거의 목적은 무엇인가?
8. 피고용인에게 제공해야 할, 인사관련 법령상의 보호사항을 4가지 이상 제시하라.
9. 인사관련 법령에 의하여 어떤 종류의 급여외 혜택이 피고용인에게 부여되는가?
10. 이해당사자들은 누구인가?
11. 인사기록물의 관리에서 주요 이해당사자는 누구인가? 그 이유는?
12. 직원조직, 노동조합 대표들이 이해당사자인 이유는?
13. 사회가 이해당사자인 이유는?
14. 국가가 이해당사자인 이유는?
15. 아래 국가의 여러 기관들이 인사기록물관리에서 이해당사자로 고려되는 이유는 무엇인가?

- 행정기관장의 사무실
- 재정담당부처
- 공공업무위원회
- 공공업무부서
- 인사관리부
- 회계관리부
- 연금사무부
- 감사부
- 국가안보담당부서
- 국립기록보존소
- 일선부처와 그 산하기관

16. 많은 이해당사자들은 어떻게 복잡한 정보의 흐름을 초래하는가?
17. 이 과에서 논의된 인사관리에서 최근 경향의 일부를 설명하라.
18. 이러한 경향이 인사기록물의 생산과 보유에 어떤 영향을 미치는지 설명하라.
19. 조직에서 직원을 감소하는 과정은 인사기록물의 생산과 보유에 어떻게 영향을 미치는가?
20. 전산화는 인사기록물의 생산과 보유에 어떻게 영향을 미치는가?

연습: 조언

연습 1-2

이 연습은 모두 인사기록물의 질과 인사기록물이 중요한 이유에 대하여 생각하도록 설계되었다. 학습자는 자신의 답을 이 도입과에서 제공한 정보와 비교하고 이 모듈을 계속 공부하는 동안 그 정보를 명심해야 한다. 특히 연습 2는 조직이 인사 파일을 어떻게 평가하고 사용하는지 그리고 고용인은 어떻게 평가하는 지의 차이를 생각해 보는 것을 도와줄 것이다. 학습자는 자신의 조직이 학습사에 대한 정보를 어떻게 관리하는지 기대치를 가져야 한다. 아마도 그 정보가 대외비로 유지되고 정확하며 오직 수집된 목적으로만 이용되어야 한다고 생각할 것이다. 이 모듈을 통하여 작업하면서 이 기대치를 생각해 보고 이 기대를 충족하기 위해 필요한 기록보존요건을 생각해 보라.

연습 3

모든 사법권(jurisdiction)은 인사관리에 영향을 미치는 각기 다른 법률을 가질 것이다. 법률이 관리과정뿐만 아니라 그 과정에 의해 생산된 기록물에 영향을 미친다는 것을 아는 것이 중요하다. 만약, 가능하다면 이 모듈을 작업하면서 관련법안의 사본을 구해서 역으로 참조할 수 있다.

연습 4

조직 내에서 인사관리과정에 관련된 특정한 이해당사자를 확인하는 것을 도와줄 것이다. 학습자는 이 과의 학습내용과 학습자 자신의 목록을 비교하고, 인사기록물관리와 관련된 동료들과 그 결과물을 토론해서 학습자가 모든 이해당사자들을 구분하고 인사기록물에 관련된 그들의 특정한 이해를 분명히 할 수 있도록 한다.

연습 5

이 연습에서 보듯이, 문서의 흐름이 불필요하게 복잡하다. 정보의 흐름을 보여주는 아래의 그림을 검토하라. 학습자의 그림은 이것과 유사해야 한다.

이 방식으로 정보흐름을 분석하고 그리는 것은 기록물 시스템이 잘 설계되지 않았을 때 직원의 시간, 저장공간 그리고 상비인원(stationary)이 낭비될 수 있는 과정을 분명하게 나타낼 것이다. 이 과정은 나중에 좀 더 상세하게 이 모듈에서 논의될 것이다.

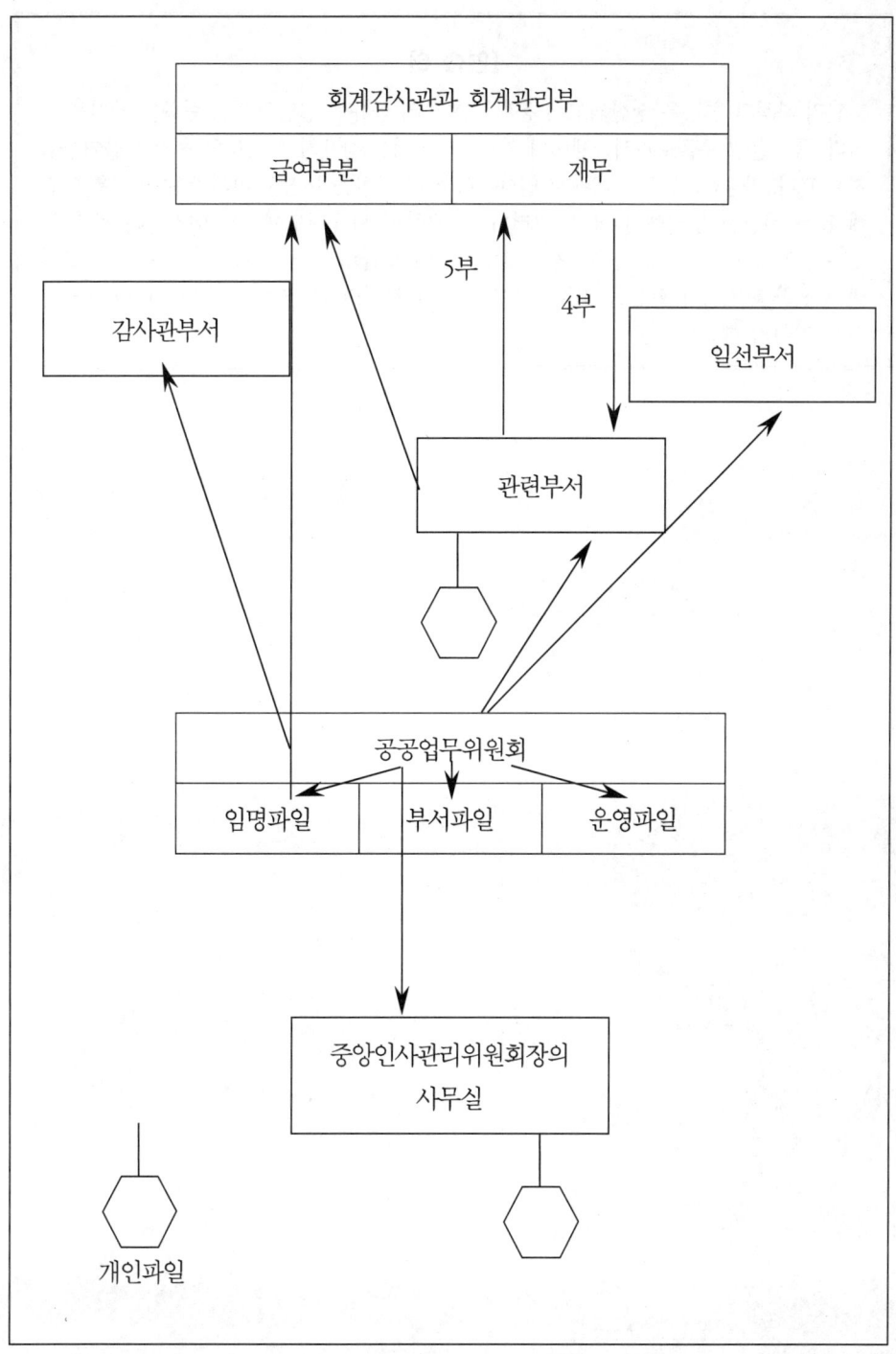

[연습 6]

관리 과정의 변경은 생산되고 사용된 기록물의 종류에 필연적으로 변화를 가져올 것이다. 특정한 기록물보관시스템이나 인사관리공정을 상세하게 검토하는 것은 불가능할지 모르나, 가능한 한 조직 내에서 인사관리의 현 경향을 분명히 이해할 수 있도록 연습에 많은 시간을 투입해야 한다. 그러나 이 모듈의 학습진도에 뒤떨어질 정도로 너무 많은 시간을 이 연습에 사용하지는 않는다. 이 모듈의 다른 연습들은 학습자의 조직 내 특정한 과업이나 활동을 검토하도록 요청할 것이며 현 경향과 발전에 대한 이해를 도울 것이기 때문이다.

인사관리업무과정과 기록물

2과에서는 인사관리를 구성하는 주요업무기능과 과정을 고찰할 것이다. 인사기록물은 이 과정들 각각의 부산물로 생산되는 것이다. 모든 조직이 기술한 과정을 전부 수행하지는 않을 것이다. 예를 들면, 어떤 정부는 수행 평가를 하지 않는다. 채용과 같은 다른 과정은 실질적으로 모든 곳에서 발견된다. 뿐만 아니라 어떤 조직은 다른 형태의 기록물을 생산할 것이다. 2과에서는 특정인사관리기능을 검토할 것이다.

- 인적자원계획과 인사정책관리
- 채용과 임명
- 전수(induction)와 초기훈련
- 직위확정(conformation in post)
- 교육, 훈련, 그리고 개발
- 승진, 이직, 그리고 파견
- 징계절차와 해고
- 출근, 연가, 병가
- 잉여인력
- 직무 중 사망
- 은퇴와 연금 수령자들
- 지급

이 과는 이들 기능을 검토하고, 생산된 기록물의 성격과 그 기록물의 보관과 이용에 미치는 그 효과를 논의할 것이다. 이 과는 또한 이 다양한 인사기능 중에서 나타나는 기록물 관련 관심이나 사안을 검토할 것이다. 사안파일에서 개별적인 인사파일의 성격을 검토하고 특히 마스터인사파일과 작업용인사파일 그리고 개인기록카드를 검토하면서 개별적인 인사파일의 성격을 검토할 것이다.

이 과에서 대부분의 도표와 양식은 참조의 편의를 위하여 이 과의 주요 본문의 마지막에 포함하였다.

Ⅰ. 인적자원계획

실무에서는 항상 그런 것은 아니지만, 논리적으로는 인사관리는 인적자원계획과 함께 시작한다. 인적자원계획은, 조직의 장래수행능력을 극대화하기 위해, 사람에 대한 수요와 공급에 관한 영향 분석을 시도할 것이다. 조직 내 인력 계획은 조직에게 다음과 같은 것을 보장해 준다.

- 적합한 사람
- 적정한 수
- 적합한 지식, 기술, 경험
- 적합한 직무
- 적합한 위치
- 적시에
- 적절한 비용

직원의 수와 그들의 질은 중요한 사안이다.

인적자원계획은 국제적으로, 부처, 부서, 또는 그보다 낮은 단계에서 수행되거나 계획 자체가 전혀 수행되지 않을 수도 있다. 인적자원계획의 이용자들은 인사관리의 장을 포함해서 계획자들 자신뿐만이 아니라 조직의 선임관리자들이다. 그들의 목적은 직원들의 현재 수준과 기술 그리고 계획의 예상치 사이에서 좀 더 생산성 있는 배치를 하는 것이다.

인적자원계획과정을 수행하기 위해, 조직 내 직원 배치에 대한 중요한 요소를 어느 정도 구하는 것이 필요하다. 이 요소는 등급, 직장집단, 직무형식, 부서명 또는 부서, 고용계약, 성, 나이, 직무기간, 기술과 교육적인 수준, 지식과 전문성, 언어, 인종, 국적, 장애사실을 포함한다. 만약 인적자원기획자들이 이와 같은 요소를 파악하지 못하고 있다면, 이에 대한 조사가 필요하다.

이러한 활동에서 모은 통계들은 현재 직원들의 기술과 필요하거나 바라는 것으로 확인된 기술의 연결에 관한 정보를 생산하기 위해 분석될 수 있다.

인적자원계획활동을 수행하는 일은 주로 인사기록물에 포함된 정보에 주로 의존한다. 이 과정을 통한 작업은 인사기록물에 나타난 그 격차를 확인하는 이점이 있으며 그 격차를 메꿀 수 있도록 한다.

인적자원계획과정은 아래 도표 1과 같이 요약된다. 1단계와 2단계가 동시에 수행될 수 있다는 점을 주목하되, 다음 단계들은 순차적으로 수행되어야만 한다.

기록물발행

인적자원계획이 수립되면, 인사 부서는 그 마스터 복사본(master copy)을 보존해야만 한다. 부서의 장들은 가장 최신 계획 사본을 보관해야 한다. 전체계획활동의 기록은 인사부서가 3 계획주기(three planning cycles) 동안 보관해야 한다. 개정본들은 다음 전체규모의 계획이 완료된 직후까지 보관해야 한다.

단계1
조직내 현재직원과 과거경향을 분석한다   • 현재상황 평가   • 관련된 미래변화 평가   • 중요직원의 장래이용 가능성 전망   *인사기록물으로부터*

단계2
직원의 관점에서 조직의 미래계획을 분석한다.   • 관련된 미래경향 평가   • 미래 필요한 직원수 예측   *회사계획으로부터*

단계3
위 두가지 전망사이의 일치점나 불일치점을 검토하고, 급격한 감소나 직원충원을 확인한다.

단계4
그 결과를 처리하기 위하여 선택가능한 접근 방식들을 평가한다.

단계5
감독과 심사 규정을 포함하여 이용될 접근 방식을 결정한다.

도표 1: 인력자원계획

2. 인사정책

모든 조직은 또한 인사정책을 수립한다. 예를 들면, 조직은 고용과 해고, 작업표준 등을 위한 지침을 정할 것이다. 이 정책들의 대부분은 다른 조직적인 정책 그리고 지침과 서로 관련될 수 있다. 이 지침들은 보통 인사편람의 형태나, 어떤 경우에는, 인사담당관이 사용하는 효력있는 명령이나 규정의 형식으로 기재되거나 통합되어 직원들에게 그들의 권리나 의무를 알려줄 것이다. 포괄적인 인사규정을 정하기 위하여, 권한를 가진 공공부서, 예를 들면 공공업무위원회, 행정기관장의 사무실 또는 공공업무부처(Public Service Ministry)와 같은 곳에서 그것들을 발간할 것이다.

기록물발행

인사정책은 폭넓게 발행된다. 예를 들면, 공식적으로 어떤 종류의 행동을 장려하고 장려하지 않는가, 노동조합과 임금협상, 업무와 급여체계에 대한 개정, 고용정책 등을 포함한다.
기록물은 보통 어떤 정책들이 있어야 하고, 무엇이 채택되어야 하는가를 내용으로 하는 직위 문서(position paper)와 보고서로 구성되어 있다. 개별적인 직원 구성원들에 관한 기록과는 달리 이 기록은 전반적인 관리와 관련이 있으므로 개별적인 인사파일에 편철되지 않는다. 오히려, 인사정책기록물은 보통 분리된 시리즈로 인사관리의 책임이 있는 기관 내에서 보통 분리된 시리즈로 보관된다.

3. 채용

채용의 목적은 직무에 가장 적절한 후보자를 얻는 것이다. 어떤 정부 체계에서는, 행정기관을 위한 채용은 업무위원회가 하고, 이 업무위원회가 채용기록파일을 관리한다. 이 과정은 부서나 부처가 직접 채용하는 운전기사나 미화원과 같은 낮은 단계의 채용에 항상 적용되는 것은 아니다.

기록물발행

채용과정은 많은 종류의 기록을 만들어 낸다. 이들의 대부분은 자리가 충원된 뒤에는 필요가 없다. 예외가 있다면 지원서와 교육관련 증서들이며, 이것들은 오랜 기간동안 필요하다. 채용된 후에라도 지원자의 허위는 해고의 사유가 될 뿐만 아니라 응시원서는 피고용자에 대한 최초의 자원데이타로서 중요한 정보를 제공할 것이다.

직무기술 준비

이것은 직무에 관련되는 임무, 책임과 과업, 그리고 직무의 물리적, 사회적, 재정적인 조건을 확인하는 것을 필요로 한다.

직무기술을 준비하는 공정은 직위의 성격에 관한 기본 정보를 생산하고 인사업무의 여러 분야, 예를 들면 수행 평가, 훈련 프로그램, 그리고 징계면담(disciplinary interviews)과 같은 분야에서 사용될 수 있다

직무기술은 이른바 '신상명세(person specification)'라는 것을 포함할 수 있으며, 그 신상명세에서 직무기술에 요약된 과업을 성공적으로 수행하기 위해 필요한 지식, 기술 그리고 경험을 분명하게 한다. 이 과정은 직무의 성격과 잠재적인 응시자의 특성을 일치시키는 것을 수반한다. 직무기술의 예는 도표 2, 신상명세의 예는 도표 3에서 참조할 수 있다.

기록물발행

직무기술과 신상명세의 기록물은 적어도 조직 내에서 그 직무가 존재하는 한 보관되어야만 한다. 일선관리자들은 직무기술의 최신 사본을 관리해야 하고 그 개정에 개입해야 한다. 각각의 조직 구성원은 그(녀)의 직무기술의 사본을 보관해야 한다.

응시원서

응시원서는 응시자로부터 완전한 이름, 주소, 전화번호, 생년월일, 성별, 만약 장애사실이 있다면 그 장애사항, 인종 (또는 종족), 사용 언어, 국적과 같은 인사정보를 얻기 위해 이용되어야 한다. 이 형식은 또한 교육관련 요건, 상세한 경력, 직무경험, 직위에 응시하는 이유, 참고사항 등 자격과 경력에 관한 정보를 수집할 것이다. 도표 4는 응시양식의 예이다.

어떤 조직은 후보자에게 응시원서 대신에 이력서를 제출하거나 완성된 응시원서와 함께 이력서를 제출하도록 할 것이다.

기록물발행

응시원서는 후에 만약 개별적인 진술이 의문시 될 경우 필요한 기록물이다. 채용하지 않은 응시원서는 그 결정에 대한 불복의 경우에 대비하여 짧은 기간동안만(보통 2-6달) 보관할 필요가 있다. 뿐만 아니라 만약 인터뷰 과정이 성공적이지 못할 경우, 면접할 만한 사람을 더 찾기 위해 응시자들을 모아 놓은 것을 다시 찾아 볼 필요가 있을지도 모른다.

응시원서(application form), 이력서(CV), 제의서(offer letter), 임명장은 임시인사파일에 보관해야 한다. 영구파일은, 일단 그 응시자가 그(녀)의 지위를 얻은 후에, 만들 수 있다. 응시자가 지위를 얻지 못한 경우, 그 응시원서는 1-2년 동안 보관되어야 한다.

검토하지 않은 응시원서나 다른 일반 채용 조사는 보통 1-3개월 동안 보관한다.

특별계약

일부 직원의 임명은 개별적인 계약으로 이루어진다. 이 계약은 임명 기간과 조건을 정할 것이다. 그 보고에 대한 요약은 보통 개인의 인사파일 안에 보관될 것이다. 계약서 한 부는 인사부서가 보관한다.

기록물발행

개인들은 그들 계약의 복사본을 보관해야 한다. 인사부서는 원본을 보관한다. 계약서는 계약 만료 후에도 법정기간동안 보관해야 하며 보통 그 기간은 약 6년이다.

4. 임명

근무 기간과 조건은 동의를 필요로 한다. 임명된 사람의 지위에 따라 임명하는 부서 또는 하나 이상의 중앙기관과 서신왕래를 수반한다. 숙박, 여행, 자동차 등을 위한 특별수당이 협상될 필요가 있다. 임명된 사람은 공식적인 기밀문서나 대외비양식에 서명을 해야 할 수도 있다.

기록물발행

채용이 되면, 직원리스트를 수정하고 관련중앙관청(공공업무부처, 회계관리부)에 알릴 필요가 있다. 응시원서, 비표준적인 기간이나 조건일 경우 이에 대한 진술, 임명장, 건강진단서, 생년월일과 후보자가 보유한 자격을 증명하는 증명서 등이 포함된 인사파일을 만든다.

5. 전수와 초기훈련

신입 직원은 직무에 대해서 그리고 전체로서 조직에 대한 소개를 받아야 한다. 이 수준은 직무에 따라 다양하다. 몇 시간이 걸릴 수도 있고 몇 주 또는 몇 달이 걸릴 수도 있다. 초기훈련은 조직과 친숙해지는 측면보다는 직무의 특정한 기술을 배우는 것과 관련이 있다.

기록물발행

전수와 초기훈련에 관한 기록물을 보관하는 책임은 그 새로운 구성원의 바로 상위 관리자와 인사 부서가 공동으로 맡는다. 이 기록은 다양한 목적을 충족한다. 가장 단순하게는, 모든 새 직원들이 초기 전수와 훈련을 완수했으며 얼마나 잘 완수했는지를 확인하는데 이용될 수 있다. 또한 전수과정의 효과를 평가하고, 적절할 경우 개선점을 도입하는데 이용할 수 있다.

이 전수기록은 응시원서나 임명장과 함께 인사파일에 보관해야 한다.

6. 직위확정

전부는 아닐지라도, 새로운 직원들은 수습기간을 거쳐야 한다. 이 기간의 종료시, 그들의 업무수행 능력이 불만족스럽지 않다면, 그들은 공식적으로 직위를 확정받는다. 이 과정은 예측될 수 있어야 한다. 그렇게 하기 위해서 일선관리진은 인사관리직원과 공동으로 피드백(feedback)과 지원을 미리 해야한다. 만약 수행능력이 불만족스럽다면 필요한 경고는 수습기간이 끝나기 전에 한다.

수습기간은 몇 주에서 일년 또는 더 많은 기간에 이르기까지 다양하다. 그 동안 인사부서는 인사관련직원과 일선관리진이 수습사원의 성취도에 대한 기록을 보관하게 해야 하는데, 이는 적절한 부서에 그들을 배치할 수 있도록 하기 위함이다.

기록물발행

수습기간에 관한 간단한 요약은 직위확정서와 함께 인사파일에 보관한다. 그 피고용인을 배치할 책임이 있는 중앙부서로 사본 1부를 보내야 한다.

만약 그 수습생이 직위를 확정받지 못한다면, 그 결정에 대한 이유도 보내야 한다. 더 긴 견습기간이나 해고가 뒤따를 수 있다. 연장된 견습기간이나 해고에 대한 고지가 인사파일에 보관되어야 한다. 만약 해고가 있었다면 관련 중앙당국은 이를 통지 받아야 하고 직원명부를 수정해야만 한다.

그 결정을 분명히 하기 위하여 조직의 인사편람에 제시된 다른 절차가 뒤따라야 하는데, 청원 과정이나 구두면접을 할 권리와 같은 것이 포함된다.

7. 수행평가

수행평가기록은 조직 운영상의 효과와 지속적인 발전뿐만 아니라 그 직원의 개개인의 복지에도 중요하다. 이 기록물들은 직원의 현재 수행능력에 대한 정보뿐만 아니라 향후 배치와 승진을 위한 증거를 제공한다.

수행평가는 조직의 전략적인 계획에서 설정된 목표와 목적의 전후관계에서 이루어진다. 개별적인 장래직무계획은 이 목표와 목적을 반영해야 하고 수행 평가의 기초가 되는 정보를 제공해야 한다. 개별적인 장래직무계획은 다음 해의 주요 수행 목표, 직원구성원과 그(녀)의 일선관리자 사이의 합의된 훈련요건 등을 개관한 공식적인 문서이다.

직원 수행능력에 대한 공식적인 연간평가를 수행하는 것이 바람직하다. 이 평가는 일선관리자가 인사부서의 지원과 함께 수행하며, 공식적인 기록으로 나타나야 한다. 이 평가는 FJP(Future Job Plan)로 이어져야 한다. FJP는 일선관리자와 직원의 구성원들 사이에 동의된 것으로 6개 정도의 다음 해 중요 수행목표 그리고 관련된 훈련요건을 내용으로 한다.

FJP는 그 해 내내 심사의 대상으로 보관되어야 한다. 서로 상호간의 동의에 의해 때때로 수정될 수 있고 다음 수행 평가의 기초가 되는 증거를 제공할 것이다.

평가보고서의 예는 도표 5에 있다.

FJP양식은 중요 수행목표가 완전히 정해져야 한다는 점을 제외하고 평가양식과 유사해야 한다. 수행능력채점은 일선관리자로부터의 훈련요구와 지원으로 대치되어야 한다.

기록물발행

평가보고서는 아마도 독립된 시리즈로 잘 보관하는 것이 가장 좋을 것이다. 인사파일에 관한 요약은 전반적인 수행 점수, 승진에 대한 적합성에 관한 표시, 장기적인 잠재적 표시 등을 간단히 기록해야 한다. 평가보고서는 3년에서 5년 정도만 보관해야 한다. FJP도 당면한 가치가 사라지면 이와 함께 바로 파기되어야 한다.

8. 교육, 훈련 그리고 개발

적합한 경우, 직원은 새로운 기술과 전문적인 발전에 필요한 교육과 훈련기회를 제공받아야 한다. 가능하다면, 교육과 훈련은 직원들의 장래직무계획과 관련하여 수행되어야 한다. 인사부서는 그 결과를 감독해야 한다. 인사 파일과 기술등록부(skill register)에 의견을 기입해야 한다. 그 등록부는 기술별로 조직하고 그 기술을 습득한 직원들의 이름과 그들이 보유한 기술의 수준을 채워 넣는다.

해외에서의 교육이나 훈련과정에 참가하기 위해서는 보통 중앙기관과 채용부서의 승인을 필요로 한다. 훈련을 받는 대신에 그(녀)가 학습을 끝내고 돌아오면 일정기간동안 고용주를 위해 업무를 수행할 것을 동의하는 조건부가 될 수도 있다. 직원이 배정된 시간동안 그 과정을 완료하고 그들의 직무로 돌아오도록 빈틈없이 훈련과정을 감독하는 것이 현명하다. 이 감독과정은 해당된 개인과의 관계뿐만 아니라 고용부서, 행정업무부서와 고위위원회(high commission)나 주최국의 대사관 사이에서 상당한 양의 서신을 생산해 낼 수 있다. 주최국의 기관도 관련될 수 있다.

기록물발행

사용중인 기술등록부가 없을 경우, 기술등록부를 만들어야 한다. 교육의 초록, 참가한 훈련개발과정과 결과는 인사파일에 보관된다. 해외교육과 훈련에 관한 서신파일은 분리하여 행정업무부서와 고용부서에 보관한다.

9. 승진

승진은 연공서열을 고려한다 할지라도 일차적으로 공적에 근거해야한다. 전통적으로, 승진대상 후보자는 승진위원회에 참석하도록 요청되어왔으나, 점차 관리자들은 공석이 발생했을 때 구인 광고를 내고 그들 스스로 선발 할 수 있게 되었으며, 이 경우 인사관련직원의 개입이 가능하다. 승진위원회는 내부의 후보자들에게만 한정될 수 있으나 외부 후보자들을 포함할 수도 있다. 개인들이 승진대상에서 제외되었거나 승진되지 않는 경우를 고려하여 청원절차가 마련되어야 한다.

기록물발행

아마도 각 승진위원회를 위하여 별도의 사안파일이 있을 것이다. 각 후보자에 대한 그 위원회의 의견은 개인의 인사파일에 복사되어어 한다. 관련 중앙 관청에 고지한다. 직원일람을 수정할 필요가 있다.

10. 전보와 파견근무

보통 일정 등급 이상의 공무원과 공적부분에 종사하는 직원들은 급하게 다른 곳으로 전보되거나 파견근무를 나가게 될 수 있다. 인사부서는 전보나 파견근무와 관련하여 합당한 기관과 조건에 관한 근거조항을 가지고 있어야 한다. 어떤 경우에, 직원들이 적극적으로 전보나 파견근무를 원할 수 있으며, 이 경우 조건은 달라 질 수 있다.

전보와 파견근무는 같은 등급 또는 승진이나 강등으로 나타날 수 있다.

기록물발행

전보나 파견근무 증서는 인사파일에 보관해야 한다. 그 인사파일은 새 기관의 인사부서로 이전되어야 한다. 어떤 나라에서는 인사파일은 개인들과 함께 이동하지 않는다. 관련중앙관청에 고지되어야 한다.

11. 징계절차

 징계절차는 고용법률을 따라야 하나 덜 공식적인 실무규약이 있을 경우, 이에 의거하여 행할 수 있다. 예를 들면, 실무규약을 공포할 수 있는 조정이나 중재 업무가 있을 수 있다.
 징계절차는 국가마다 다양하다. 절차는 누군가에 의해 취해질 행위를 규정할 것이고, 절차는 불만의 대상이 된 개인들에게 그런 사실이 있음을 고지하고, 그들에게 자신의 입장을 진술할 수 있는 기회를 제공할 것이다. 처벌은 죄와 상응해야 한다. 징계절차는 중대한 불법행위를 제외하고는 최초의 위반을 이유로 피고용인이 해고되지 않도록 하며, 징계조치는 그 건이 주의깊게 조사되고 개인들에게 부과된 처벌에 대한 설명을 들은 후에야 비로소 취할 수 있도록 한다. 청원할 수 있는 권리 또한 일일이 나열해 주어야 한다.
 징계절차는 심각한 결과를 초래할 수 있다. 맨 처음부터 사건의 완전한 기록을 내용으로 하는 절차서를 보관하는 것이 중요하다. 많은 경우에, 초기 단계에서 오류를 확인해서 교정조치를 취하는 것이 가능해야 하고 그 교정조치에는 강등과 같은 어느 정도의 불이익이 포함될 수 있다.

기록물발행

 징계절차의 완전한 기록은 더 이상 불복의 가능성이 없을 때까지 보관되어야 한다. 법령이 정하는 기한이 있을 수 있다. 처벌절차기록은 피고용인의 인사파일에 보관되어야 한다. 만족스럽게 처리되어 기록에서 말소될 날짜가 기입되어야 한다. 만약 직원이 강등되면, 관련 중앙기관에 고지해야 한다. 연금급부가 상실될 경우가 있는데, 그와 같은 경우 관련 기관에 고지한다.

12. 해고

 중대한 불법행위의 경우를 제외하고, 해고는 보통 최종수단이다. 한편으로 지속적인 경고의 과정과 다른 한편으로 협의, 훈련, 그리고 다른 개선 수단들이 계속되어야 한다. 처벌절차의 기록은 이 목적으로 사용되어야 한다. 중대한 불법행위란 무엇인지 정확한 성격이 인사편람에 명시되어야 한다.

기록물발행

직원은 완전한 보험급부를 받고 해고되거나 어떠한 급부도 없이 해고될 수 있다. 인사파일은 해고된 직원에게 부여될 연금이나 다른 급부를 받을 권리를 포함해야 한다. 기록물은 연금을 지급하기 시작해야 하는 정상적인 은퇴연령까지 보존되어야 한다. 해고된 직원은 그 기록물 사본 한 부를 제공받아야 한다.

그 직원이 모든 급부를 받지 못하고 해고될 경우, 이 사실에 대한 기록은, 그 기관의 재고용방지(만약 조직의 인사정책이 이것을 요구할 경우)와 급부를 잘못 지급하지 않기 위해 필요할 것이다. 보통 인사파일은 급부없이 해고된 후 최소한 5년 동안 보관되어야 한다.

그 해고는 인사파일에 언급되어야 하며, 그리고 나면 그 파일은 종료되어야 한다. 그 후에는 파일은 연금에 대한 책임이 있는 부서나 최종 고용부서에 보관되어야 한다. 어느 경우나 책임있는 중앙 기관에 고지되어야 한다. 연금부서는 은퇴일의 기록을 보존해야 한다. 개인들이 해고되지 않았더라도, 해고절차의 모든 기록은 법령이 요구하는 기간동안 보관되어야 하고 그 기한은 3년에서 5년이 될 수 있다.

13. 출근, 연가와 병가

출근, 연가 그리고 병가를 관리하기 위한 체계가 있어야 한다. 이 체계는 인사부서가 감독하고, 필요할 경우, 이 분야의 수행능력을 개선, 증진하기 위하여 이용되어야 한다.

지속적인 불성실한 출근이나 연가의 남용은 징계절차를 초래할 수 있다. 병가가 지나치면 피고용인을 보건소의 의료조언자나 적절한 의료소로 보낼 수 있다.

기록물발행

인사부서가 그 기록물을 보관하는 것이 중요한데, 피고용인의 고용기간 동안, 심지어 은퇴기간 동안 일어날 수 있는 사건을 입증하는데 필요하기 때문이다.

14. 정리해고

전에 언급한 바와 같이, 근래의 정리해고 인원이나 '감축'은 전 세계적으로 정부가 규모와

범위를 줄이고자 하면서 중요한 요소가 되었다. 새로운 고용법안이 종종 이 과정을 돕기 위하여 통과된다. 적절한 실무는 자발적인 정리해고를 장려하는 계획을 수립하고 강제적인 정리해고는 마지막 해결책이 되도록 하는 것이다. 강제적인 정리해고를 고려할 경우, 정리해고 결정이 이루어 지는 근거를 결정하기 위해 직원 대표와 협상이 있어야 한다.

기록물발행

정리해고의 경우, 필요에 따라 직원명부는 수정되어야 하고 중앙 당국에 고지되어야 한다. 미래에 부여될 어떠한 권리들(entitlement)에 관한 기록도(정리해고 당시의 보상에 덧붙여) 인사기록물파일에 보관되고 나서 종료되어야 한다. 부여될 권한들에 대한 증서의 사본은 정리해고된 피고용인에 제공되어야 한다.

정리해고 정책기록과 정리해고 계획기록은 주로 행정사무를 담당하는 부서가 중앙집중적으로 보관해야 한다. 개별부서 또한 자체관리의 목적으로 그 계획에 대한 사본을 보관할 것이다. 계획을 수행하는데 관련된 기록물은 고용부서에 의해 보관되어야 한다.

정리해고된 피고용자파일은 기록물센터와 같은 중앙보존소로 이관되어야 한다. 기록물은 피고용인의 정리해고계획이나 부여받을 권리들과 관련하여 미래의 질문에 대한 답변시 필요할 수 있다.

15. 직무 중 사망

직무 중 사망은 주로 친족에게 영향을 미친다. 홀로 된 배우자가 연금의 법적인 대상자가 될 수 있다. 성년이 안 된 아이들은 특정한 연령에 도달할 때까지 급부의 대상이 될 수 있다. 어떤 상황, 예를 들면 사망이 어려운 작업 조건이나 예측할 수 없는 사건에 의해 일어났을 경우, 임의로 지불하는 지급이 있을 수 있다. 게다가 고용주는 건강이나 안전관련법안에 의한 법령이 정하는 지급을 할 의무가 있다.

기록물발행

직원이 직무 중 사망할 경우, 직원명부는 수정되어야 하고 중앙관청에 고지되어야 한다. 비상시나 사고가 발생했을 때 연락하기 위하여, 인사부서는 친족의 기록, 그들의 이름, 주소, 전화번호등 정확하고 최신의 기록을 보유해야 한다.

16. 은퇴

은퇴는 일반적인 은퇴연령(55-65)에 도달했을 경우의 은퇴와 조기은퇴를 포함한다. 사람은 건강상의 이유, 다른 직업을 선택하기 위해, 새로운 인생을 시작하거나 감축 프로그램의 일부로 조기 은퇴를 선택할 수 있다. 이 각기 다른 계획들은, 개인에 대해서 또 그들의 보관될 필요가 있는 기록물에 대하여, 각기 다른 재정적인 의미를 가질 것이다.

기록물발행

지속적인 재정 지급에 관한 기록물은 연금을 담당하는 부서가 보관해야 한다. 인사파일에는 은퇴날짜가 기록되어야 한다. 공적부분 또는 사적부분에 관계없이 직원이 다른 직업을 얻기 위해 퇴직할 경우, 그 직원이 나중에 재고용될 경우에 대비해서 인사파일이 보관되어야 한다. 직원명부는 수정되고 중앙기관은 변경사항을 고지 받아야 한다.

17. 연금수령자들

연금수령자들은 준수되어야 하는 법적 권한을 가지고 있다. 따라서 적절한 기록물을 보관하는 것이 중요하다. 보통 행정업무 중 연금계획은 주로 연금에 대한 책임이 있는 부서가 관리해야 한다. 행정기관연금을 위하여 분리된 기금이 없는 국가의 경우 연금은 정부 수입에서 지불된다. 기능(과 필요한 직원)이 집행기관, 정부투자기관, 지방정부로 이전될 경우, 이 기관들은 자체로 연금기금을 설립하도록 요구받을 수 있다. 그럴 경우, 정부는 두 가지 선택에 직면한다.

- 이전 공무원의 연금받을 권리를 '동결'하고 은퇴연령에 연금을 지불한다.
- 공무원이 복무한 연수에 비례하여 새로운 조직의 연금기금에 기부금을 낸다.

두 번째 선택은 비싸고, 종종 자금을 대는 것이 불가능하다. 결과적으로 많은 경우에 이전 공무원의 연금 받을 권리의 정확한 기록을 유지하는 것이 중요하다.

기록물발행

연금 기록물은 연금에 대한 책임이 있는 사무소에서 보관해야 한다. 중요기록물은 증서와 규정, 그리고 연금수령자의 의사록 등이다. 만약 공무원이 집행기관과 같은 새로 만들어진 기관에 전보되었다면, 연금 부여받을 권리에 대한 기록을 보호하기 위하여 특별한 관리를 할 수 있다.

18. 지불

급여지급권은 인사부서의 책임이다. 중앙의 급여관리부서가 보통 실질적인 지급을 한다. 직원 개개인의 상황, 예를 들면 승진, 강등, 비상근, 초과근무, 전보와 파견근무 등의 모든 변화는 고지하여야 한다. 만약 지급률이 변할 경우, 예를 들면 인플레이션과 같은 이유로, 급여관리부서는 필요한 변경을 할 것이다.

기록물발행

직원들은 급여를 지급받을 때마다, 그들 자신의 기록을 위해 대한 지급명세서를 제공받아야 한다. 초과근무에 대한 세부사항을 포함한 총액과 급여기록, 상여금 등에 대한 세부사항은 급여관리부서가 과세관련법령에 따른 법정기한동안 보관해야 한다. 그 기한은 다양하나 보통 6년 이하이다. 동일한 보존기간을 소득세기록, 연간과세대상지급신고서 그리고 납부세액신고서에 적용하기도 한다.

19. 인사기록물(Personnel Documents)의 요약

아래 도표 6은 이 과에서 논의된 문서들의 유형을 요약한 것이다. 일부는 작업용인사파일에 보관하겠지만, 대부분의 경우, 그 기록은 마스터개인파일에 편철될 것이다. 마스터파일은 개인들의 경력에 대한 일차적이고 포괄적인 자원을 포함하는 영구파일이다. 작업용파일은 참조를 편리하게 하거나 특정한 기능 관리와 관련하여 보관하며 보통은 영구기록이 아니다. 이들 두 종류의 파일은 3과에서 더 상세히 기술될 것이다. 여기서 확인 된 문서의 일부는 정책 및 운영과 관련해서 찾아 볼 수 있거나 공공업무위원회의 임명과 같은 특정한 기능과 관련된 사안파일과 관련해서 찾아 볼 수 있다.

도표 7은 기록물이 파일시리즈에 보관될 수 있는 방법을 예시하고 있다. 이 목록이 절대적

인 것은 아니다. 시리즈를 정하는 것은 인사기능이 관리되는 방식과 관련하여 국가별로 다양할 것이다.

> *다른 기능의 활동이나 필요사항을 반영하기 위하여 파일시리즈를 생산하기 위한 원칙은 『현용기록물: 조직과 관리 (Organizing and Controlling Current Records)』에서 논의될 것이다.*

인사기능을 지원하기 위해 생산된 시리즈는 관련된 정부나 조직의 기능과 작업 패턴 그리고 규모에 따라 달라진다. 특히, 정책파일과 운영파일은 범위가 더 넓은 활동이나 더 좁은 활동을 지원하는 시리즈로 조직될 수 있다. 대부분의 조직에서, 시리즈는 좀 더 세부적으로 정의될 필요가 있는 반면에, 더 적은 기록물을 유지하는 보다 소규모의 조직에서는 시리즈의 범위가 더 넓어질 수 있다.

[연습 7]

이 과에서 논의 된 인사기능을 3개 이상 선택하라. 선택된 각 기능별로, 생산된 기록물의 형식과 누가 이해당사자인지를 확인하라. 이 연습의 모델로 도표 6에 나타난 형식을 이용하여 학습자가 할 수 있는 한 많은 정보를 채워라.

국립기록보존소

기록물관리부서

   직 위 :   기록물감사관-팀장

   책임자 :   부서장

   목 적 :   x, y, z 부서에서 기록을 관리하는데 있어, 특히 영구 보존 기록물을
                  선별과 관련된 전문적인 지도와 도움을 제공한다.

1. 전반적인 임무

- 부서장이 요구할 수 전문적인 임무 수행한다.
- 모든 기록물과 기록물시리즈가 그 활용기간동안 적절히 취급되고 그 이후 폐기되도록 기록물보관시스템 개발 지원한다.
- 부서 내 기록물관련직원 훈련 지원한다.

2. 직원

- 하급직원과 비전문직직원의 업무를 감독, 관리한다.
- 효과적인 직무훈련 지원한다.

3. 자원

- 기록생산기관에서 이용가능한 자원을 평가하고 투자가치를 향상시킬 제안을 한다.
- 팀이 책임을 맡고 있는 부서가 생산한 기록의 보존적 가치를 평가하기 위해 직원과 이용자들과 협력한다.

4. 관련

- 부서장
- 기록물관리팀
- 독자봉사부서장
- 서비스이용자

5. 기타

   이 직위의 사람은 국립기록보존소에 배치될 것이다. 이 사람은 자신이 담당하는 부서를 정기적으로 방문해야 한다. 때로는 장기출장이거나, 지역본부에서 숙박을 해야 하는 경우도 있을 것이다.

도표 2 : 업무기술서의 예

직위	인사담당관: 채용담당간부(executive recruitment)	
	필요조건	권장사항
신체적인 조건	복장단정, 분명한 발음, 의사표현을 확실히 하고 건강할 것	
교육정도	학위 또는 상응하는 자격	인사관리기관의 회원
훈련	선별시험과정	
경력	×××년 동안 채용경험 선별과 그 밖의 일반적인 인사업무	동종 조직에서 근무
전반적인 지적능력	언어추리력, 논리력, 지원자들의 보유 기술 등을 분석할 수 있는 능력과 업무필요조건에 그들을 연계시키는 능력	수리력
전문화된 적성	구두와 필기를 통한 적합한 의사소통기술	
관심분야	업무와 관련없는 분야에 대해서도 관심이 있을 것	사회활동
결정에 대한 수용력	서로 다른 배경의 사람들과 어울리는 능력. 동등기회제공정책의 필요조건에 대한 동의	
독립성	채용예산한도 내에서 결정을 내리는 능력	
영향력	체계적이고 공정한 채용과 선별방법의 가치에 대해 관리자들을 확신시키는 능력	
객관성	응시자들에 대해 건전한 판단을 내리는 능력	
기타	출장이 요구될 때 자발성 발휘. 깨끗한 운전면허기록	

도표 3 : 개인특성표의 예

정부업무 4급과 5급 응시지원서

1. 이름

....

....

(대문자로, 성먼저)

....

....

2. 생년월일 ....

3. 출생지 ....

(출생증명서 첨부할 것)

주소

....

....

4. 희망지위

....

5. 학교	부터	까지
....	....	....
	....	....
	....	....
	....	....

5. 합격한 시험-날짜와 주제 그리고 자격증 첨부할 것

	날짜
(a)	....
(b)	....
(c)	....
(d)	....

도표 4: 지원서양식의 예(페이지1)

6. 지금까지의 경력을 시간 순으로 나열하시오. 직위, 고용주이름, 날짜,
   퇴사이유 등을 명기하시오.

	부터	까지

7. (a) 정부기관에서 일한 적 있습니까?

    (b) 타이핑할 수 있습니까?

    (c) 속기할 수 있습니까?

    (d) 공무원시험 본적 있습니까?

    해당하지 않는 사항은 x표하고 해당 사항에는 상세히 기재하시오

8. 후견인의 이름과 주소(2명)

    (1) ....

       ....

    (2) ....

       ....

    추천서첨부

일자.. 서명...

도표 4: 지원서양식의 예(페이지2)

직원평가보고서

기간	부터	까지		생년월일	

직원 성명

	Mr	Mrs	Miss	Ms		

실제등급   직위(해당경우)

실제등급 기입일자   선임일자

보고서 작성기간동안 보유되는 임시등급의 세부사항

도표 5: 직원평가보고서양식의 예(페이지1)

부서(본부직원만)	**위치**		
	지역	지부	
현재직무시작일			
• 이 페이지에서 정정사항은 빨강색으로 기입해 주십시오. • 이 보고서는 ....까지 완성 제출되어야 합니다.			
	에게		
• 보고담당관은 보고서 작성이 완료되면 여기에 서명해야한다. • 본인은 안내서와 그 밖의 제출된 자료를 읽어보았다. • 이 담당관은 나와 함께 _____년____개월 동안 근무했다. 보고담당관의 서명 _____ 일자 _____ 대문자로 이름기재 _____ 등급 _____			

도표 5: 직원평가보고서의 예(계속)

1.1 직무기술과 목표 이 부분을 작성하기 전에 안내서를 먼저 읽으시오. • 보고대상인 사람이 아래 공간을 작성하시오. 지위가 있다면 지위 _____ 아래 a-c까지 작성하면서 보고기간 초기에 합의한 업무계획을 참조하고, 보고 담당관과 논의한 후, 보고기간동안 변화가 생겼다면 기록하시오.		
a) 업무를 중요도에 따라 나열하시오.	각 업무에 쓴 대략적인 시간의 %로 표시	
b) 보고기간 초기에 세웠던 목표 중 그 기간 동안 합의된 변화를 반영하기 위해 수정될 필요가 있었던 것을 쓰시오.		

도표 5: 직원평가보고서의 예(계속)

c) 관리하는 자원에 대한 넓은 범위의 지표를 설명하시오 예를 들어 당신 지휘하에 몇 명의 직원이 있습니까? 그리고 그들의 등급은? 얼마정도의 예산지출을 직접 또는 간접적으로 통제합니까? 그 밖의 자원들을 쓰시오.	
1.2 업무수행평가 • 보고담당관이 작성할 란입니다. • 업무영역서에 나온 각 요소별로 평가하고 의견을 제시하시오	
(i) 1.1 a 란에 나온 주요 임무의 효율성	

도표 5: 직원평가보고서의 예(계속)

	(ii) 1.1 b에 나온 기존의 목표 달성도	
	(iii) 1.1.c에 언급된 직원과 그밖의 자원활용도	

도표 5: 직원평가보고서의 예(계속)

· 아래 ( )에 표시함으로써 담당관의 전체평가를 내리시오					
· 평가표시는 아래 공란에서 표시되어야 하는데, 실제 행한 임무만 반영해야 하며, 나이, 질병, 무경험등과 같은 특수요인이 고려되어서는 안된다. · 특수요인과 점수에 대해서는 오른쪽 두란에서 언급하시오					
아주뛰어남	일반 기준보다 월등히 나은 업무수행력	일반기준에 꼭 맞는 업무수행력	일반기준에 못미치는 업무수행력: 개선될 점이 있는	형편없음(문서로된 경고장이 첨부되어야함)	
☐	☐	☐	☐	☐	
* 위와 같은 표시를 준 이유와 어떤 개선점이 필요한지 쓰시오					
의견					

도표 5: 직원평가보고서의 예(계속)

1.3 내년의 업무 작성하기 전에 안내서를 먼저 읽으시오	
• 보고담당관은 해당직원과 동의한 다음해의 업무영역, 주요임무, 목표를 기술 하시오.	

도표 5: 직원평가보고서의 예(계속)

1.4 업무평가인터뷰	
인터뷰에서 동의한 내용을 1.5와 1.6란에 기재하시오. 만약 업무수행력이 일반기준에 못미쳤다면 필요한 조치를 기재하시오.	

1.5 교육 작성하기 전에 안내서를 먼저 읽으시오	
• 해당직원과 논의 후에, 담당관이 생각하기에 직원의 업무수행력 또는 잠재력이 훈련을 통해 향상될 수 있다고 한다면, 그 필요성을 아래란에 기재하시오. • 직무훈련이 아니라면 제안될 과정을 명기하시오. • 만약 아무 훈련이 필요 없다고 합의하면, 아래 란에 설명하시오	

도표 5: 직원평가보고서의 예(계속)

• 보고담당관은 자신의 추천사항이 어떻게 되었는지 훈련부서에 확인해야 한다 - 직원이 제안받은 훈련에 참여하였는가?	
예 ☐ 아니오 ☐ 해당사항에 표시하시오.	
1.6 임명 • 직원과 논의 후, 담당관의 생각에 해당 직원이 내년에는 같은 등급이지만 다른 업무를 맡는 것이 적당하다고 여기면 아래에 이유와 함께 명기하시오.	
• 다른 직종으로 수평이동(전보)이 필요하면 이란에 기재하시오.	

도표 5: 직원평가보고서의 예(계속)

	• 다른 자리가 제안되었다면, 해당직원이 현직을 떠나는 것이 가능한가에 대한 의견을 쓰시오	
	1.7 **해당직원의 의견** 이 난을 작성하기 전에 안내서를 보시오.	
	• 논의 후에 해당 직원이 1.1에서 1.까지 기재된 사항에 덧붙이고 싶은 내용이 있다면 아래 란에 쓰시오	

도표 5: 직원평가보고서의 예(계속)

- **안내서의 2.2 부분을 읽으시오**
- 2.2 에 기록될 승진평가에 대해 해당직원에게 언급된 내용이 있다면 간단하게 라도 여기에 쓰시오.

* 해당직원은 양식이 여기까지 작성되었을 때 아래란에 서명하시오.

본인은 보고서의 1항목 보았고, 본인의 의견이 있을 경우, 동의하지 않는 어떤 부분에 대한 의견도 포함하여 본인의 의견을 위에 기록하였습니다.

직원서명 _____ 일자 _____

도표 5: 직원평가보고서의 예(계속)

2.1 **개인의 자질과 능력** 이란을 작성하기 전에 안내서를 보시오.		
• **보고담당관이 작성해야 합니다.** • 박스 안에 표시해서 관련 항목을 완성하시오.(1.2 기준표를 이용) 그리고 옆에 제공된 란에 할수 있는 한 완전한 평을 하시오. • 해당직원의 업무에 중요하거나 상대적으로 덜 중요한 특정한 자질을 확인하시오.		

	뛰어남	수용할 수 없음	필요할경우 의견	
논리력과 인지력 ☐ ☐ ☐ ☐			
판단력과 예측력 ☐ ☐ ☐ ☐			
문제해결력과 진취성 ☐ ☐ ☐ ☐			

도표 5: 직원평가보고서의 예(계속)

	뛰어남	수용할 수 없음	필요할경우 의견	
	추진력과 결단력 ☐ ☐ ☐ ☐			
	책임감과 수용력 ☐ ☐ ☐ ☐			
	스트레스상황 하에서 신뢰성 ☐ ☐ ☐ ☐			
	직원관리(*적용가능할경우* ☐ ☐ ☐ ☐			
	자원관리 ☐ ☐ ☐ ☐			
	다른 직원들과의 관계 ☐ ☐ ☐ ☐			

도표 5: 직원평가보고서의 예(계속)

	뛰어남	수용할 수 없음	필요할경우 의견	
	전반적인 능력 ☐ ☐ ☐ ☐			
	- 작문 ☐ ☐ ☐ ☐			
	- 구두 ☐ ☐ ☐ ☐			
	- 수리력 ☐ ☐ ☐ ☐			
	- 전문기술 ☐ ☐ ☐ ☐			
	- 지식 ☐ ☐ ☐ ☐			
	- 응용력 ☐ ☐ ☐ ☐			
	(해당직원이 어떤 기술을 평가받고 있는지 분명히 하시오)			

도표 5: 직원평가보고서의 예(계속)

그 밖의 관련된 의견

2.2. 승진평가 *이 난을 작성하기 전에 안내서를 읽으시오*

- **보고담당관과 연서한 담당관은 그 직원의 다음 등급으로 승진적합유무에 대한 평가를 각자 적고, 표기한 마크에 대해서 의견을 적어야 합니다.**

- 다음 등급의 임무를 수행하기 위한 잠재성을 평가하시오. 1부에서 수행력을 등급화 한 것과 위 내용을 참조하여 적합한 평가가 되도록 하시오
- 1등급 이상의 승진 대상이 되는 경우 별도의 평가가 요구됩니다.

승진등급을 네 모 안에 쓰시오	아주 적합	적합	2년 후 적합 할 것 같음	부적합
보고담당관의 평가	☐	☐	☐	☐

도표 5: 직원평가보고서의 예(계속)

(발표에 대한 안내 서를 보시오)		☐	☐	☐	☐

연서담당관의 평가	승진등급을 네 모 안에 쓰시오.	아주 적합	적합	2년 후 적합 할 것 같음	부적합
		☐	☐	☐	☐
(발표에 대한 안내 서를 보시오)		☐	☐	☐	☐

도표 5: 직원평가보고서의 예(계속)

인사기능상 발생되는 문서들의 요약		
시스템[2]	문서	보관
인적자원계획	인적자원기획안, 이 기획안은 조직의 보다 넓은 전략서에 연계되어 있거나 일부로서 만들어져야한다. 기획안 준비를 위해 자료분석이 행해질 수 있다.	전략기획안은 조직 내 여러 곳에 분산관리되어야 한다. 인력자원기획안도 비밀문건으로 다뤄져서 고위임관리자들만 볼 수 있도록 해둔다. 관련기관은 정책파일시리즈에 원본을 보관해 두어야 한다.
채용	직무분식서, 입무영역서, 자격조건, 광고, 면접보고서와 참고자료, 후보자지원서, 임명서, 채용된 지원자기록	해당 업무위원회는 옆에서 제시된 문건 중 처음 여섯 건은 쓰임이 있는 동안은 사안기록에 보관해야한다. 후보자지원서와 임명서는 마스터개인파일에 보관되도록 한다.
특수계약	계약서와 계약협상기록 특별한 일자리에 관한 것일 수도 있고 시간제 일이나, 유동적인 작업시간 또는 두 사람이 한 일자리를 반씩 나눠 분담하는 것 등 보다 일반적인 일 계약일 수도 있다.	해당 중앙기관 또는 해당채용기관이 계약서 파일에 이들 계약서를 보관해야 한다. 계약서사본1부는 물론 마스터개인파일로 보내져야 한다.
수행관리: 전수와 초기훈련	신입사원 오리엔테이션을 증명하는 기록	마스터개인파일
수행관리: 직무확정	확인서	마스터개인파일
수행관리: 연간평가	평가보고서, 장래 업무계획서, 연간보고서	장래업무계획서는 비교목적으로 몇 년 동안은 보관하고 있어야 한다. 평가보고서, 즉, 요약서(전체평점, 승진적합성, 장기잠재성)는 마스터개인파일에 보관된다.
교육, 훈련과 개발	참가한 과정기록, 습득한 기술이나 취득한 자격	해당 중앙기관에 보관된 작업용개인파일과 마스터개인파일에 보관되어야 한다.

도표 6: 인사기능상 발생되는 문서들의 요약표(페이지1)

---

2) 시스템2란 전반적인 인사관리기능내에서 하나의 기능시스템을 말한다.

시스템	문서	보관
승진	승진장	마스터개인파일
전보	전보발령서	마스터개인파일
징계관리	징계절차의 완전한 기록과 양식	징계절차에 대한 완전한 기록은 별도의 사건 또는 정책파일에 보관하고 가능하다면 특별보안을 할 필요가 있다. 개인에게 보내는 결정문만 마스터개인파일에 나타나도록 한다
해고	절차의 완전한 기록	징계절차에 대한 완전한 기록은 별도의 사건 또는 정책파일에 보관하고 가능하다면 특별보안을 할 필요가 있다. 개인에게 보내는 결정문만 마스터개인파일에 나타나도록 한다
출근, 연가, 병가 감독	휴가, 병가신청카드	개인업무파일
법적으로 또는 행정기관의 인원초과시 정리해고	절차보고서, 협상문건, 결과문건	마스터개인파일
직무 중 사망	보상약정	마스터개인파일
은퇴	부여받을 연금정산표, 연금통지서, 그 밖의 은퇴과정에 관련된 문서	마스터개인파일: 연금부서의 사안파일
단체정보	직원단체목록, 고위관리자명단	중앙관련기관; 채용기관

도표 6: 인사기능상 발생되는 문서들의 요약표 (계속)

인사기능을 지원하는 주요기록시리즈 예

기록시리즈	보관장소	내용
인사관리: 정책과 운영파일	공공업무담당부처 채용기관 업무위원회	인적자원관리의 수립과 실행에 관련된 모든 기록으로, 계획의 연속, 직무평가, 건강과 안전, 수당, 봉급과 임금, 승진, 불만, 징계, 출장, 해외훈련 등을 포함한다. 업무위원회는 채용, 승진, 불만, 징계와 해외훈련 등에 대한 정책을 개발하고 실행하는데 관련된 모든 기록을 보관한다.
기록카드와 용지	공공업무담당부처 채용기관 업무위원회	계획이나 다른 목적으로 사용된 요약 또는 통계정보를 내용으로 하는 기록카드 몇몇 국가에서는 인사파일에 개인파일에 보관된다. 몇몇 국가에서는 데이터베이스에 저장해 두기도 한다(그 출력물은 거의 원본카드와 흡사할 수 있다.)
채용: 개인별 사인파일, 영구 연금수혜직원과 퇴출직원	업무위원회	결정을 내리기 이전에 후보자들의 채용에 대한 기록, 예를 들면 직무분석, 업무영역, 광고 등이다.
채용: 개인별 사인파일, 연금 비수혜직원	채용기관	'지역적' 채용, 연금을 지급하지 않는 임시 모든 '운영부' 관련 직원이 기록으로 결정을 내리기 이전의 후보자들, 임시했으나 직무를 부여받지 못한 직원들도 포함한다.
계약서파일	채용기관 중앙기관	계약서, 관련된 왕복서신

도표 7: 인사기능을 지원하는 파일시리즈 요약표의 예(페이지1)

인사기능을 지원하는 주요기록시리즈 예

기록시리즈	보관장소	내용
마스터개인파일: 영구연금수혜직원 른 부처에서는 이 시리즈를 작게 나누어 다른 장소에서 보관할 수도 있다. 예를 들어 보전부내의 간호사들에 대한 문건이 간호관리장의 사무실에 보관될 수 있다.	채용기관 또는 공공업무 담당기관 또는 간부진	개인의 근무경력의 완전기록을 제공하는 기록
마스터개인파일: 연금비수혜직원	채용기관	개인의 근무의 완전한 역사를 제공하는 기록
개인업무파일: 영구연금수혜직원	채용기관	사용자의 편의를 위해 관리되는 기록. 개인의 근무경력을 완전하게 담고
개인업무파일: 연금비수혜직원	채용기관	'지역', 임시 또는 '운영상의 업무'를 맡는 연금비수혜 직원들의 채용, 승진, 불만, 징계문건
개인사안파일	업무위원회	공무원들의 채용, 승진, 불만, 징계. 그리고 해외연수기록

도표 7 인사기능을 지원하는 파일시리즈 요약표의 예(계속)

요약

2과에서는 인사관리를 구성하는 주요업무기능과 과정을 검토하였다. 그 내용은 다음과 같다.

- 인사기록물의 기본적인 필요성과 필요조건의 요약
- 기본적인 인사활동의 요약
- 업무하는 과정에서 어떻게 기록물이 생성되는가?
- 특성한 인사관리 활동으로 생산되는 기록물의 주요 유형을 설명
- 조직 내 기록물을 가장 잘 저장하거나 관리할 수 있는 관련 부서에 대한 제안
- 기본적인 인사관련활동
- 필요한 기록물의 성격을 요약

검토한 특정인사관리의 기능에는 다음과 같은 것들이 포함된다.

- 인적자원계획
- 인사정책관리
- 채용
- 임명
- 전수와 초기훈련
- 직위확정
- 수행평가
- 교육, 훈련 그리고 개발
- 승진
- 전보와 파견근무
- 해고
- 출근, 연가 그리고 병가
- 정리해고
- 직무 중 사망
- 은퇴
- 연금수령자들
- 지급

학습문제

1. 인적자원계획의 목적을 설명하라.
2. 인적자원계획을 수행하기 위해 직원배치에 대한 어떤 정보가 요구되는가?
3. 인적자원계획과 관련된 5단계를 설명하라.
4. 인적자원계획과정에서는 어떤 기록물이 생성되며 어떻게 관리되는가?
5. 인사정책관리의 목적은 무엇인가?
6. 정책개발과정의 일환으로 어떤 종류의 기록물이 생산될 수 있는가?
7. 채용의 목적은 무엇인가?
8. 채용과정에서 어떤 종류의 기록이 생산되며 그것들은 어떻게 관리되는가?
9. 직무기술 준비하기 과정에서 생산되는 기록물은 무엇이며 어떻게 관리되어야 하는가?
10. 인사기록물관리시스템에서 응시원서는 어떻게 관리되어야 하는가?
11. 인사기록물관리시스템에서 특별계약은 어떻게 관리되어야 하는가?
12. 임명동의 과정동안 어떤 사안들이 확정되어야 하는가?
13. 임명과정에서 생산되는 기록은 무엇이며 그것들은 어떻게 관리되어야 하는가?
14. 새로운 직원에 대한 전수와 초기훈련을 하는 과정에서 생산되는 기록은 무엇이며 그것들은 어떻게 관리되어야 하는가?
15. 한 사람의 직위가 확정되면 어떤 기록물이 생산되며 이것들은 어떻게 관리되어야 하는가?
16. 수행평가의 개념을 설명하라.
17. 개별적인 장래직무계획의 목적을 설명하라.
18. 수행평가과정에서 생산되는 기록은 무엇이며 그것들은 어떻게 관리되어야 하는가?
19. 직원에게 교육, 훈련 또는 개발 기회를 제공하는 과정에서 생산되는 기록은 무엇이며 그것들은 어떻게 관리되어야 하는가?
20. 승진과정에서 생산되는 기록은 무엇이며 그것들은 어떻게 관리되어야 하는가?
21. 직원을 전보 또는 파견하는 과정에서 생산되는 기록은 무엇이며 그것들은 어떻게 관리되어야 하는가?
22. 징계과정에서 생산되는 기록은 무엇이며 그것들은 어떻게 관리되어야 하는가?
23. 직원을 해고하는 과정에서 생산되는 기록은 무엇이며 그것들은 어떻게 관리되어야 하는가?

24. 출근과 휴가를 감독하는 과정에서 생산되는 기록은 무엇이며 그것들은 어떻게 관리되어야 하는가?

25. 정리해고나 규모를 축소하는 프로그램을 실시하는 동안 생산되는 기록물은 무엇이며 그것들은 어떻게 관리되어야 하는가?

26. 직무 중 사망했을 경우 요구되는 기록물은 무엇인가?

27. 직원의 은퇴를 처리하기 위해 요구되는 기록물은 무엇인가?

28. 연금수령자들의 권리를 문서로 남기기 위해 필요한 기록은 무엇인가?

29. 봉급을 지급하는 과정에서 생산되는 기록은 무엇이며 그것들은 어떻게 관리되어야 하는가?

연습: 조언

연습 7

이 연습은 이 과에서 제공된 정보를 여러분의 기관에서 생산된 인사기록물의 실제유형 및 그들의 관리과정과 비교해 볼 수 있도록 해 줄 것이다. 시간이 허락한다면 세 가지 이상의 기능을 검토해 보라. 이 작업은 인사관리과정을 이해하고 그 과정에서 나오는 기록물을 이해하는데 도움을 줄 것이다. 그러나 이 모듈의 나머지 부분에 남아있는 작업을 고려하여 너무 많은 시간을 소비하지 않도록 한다.

인사파일의 성격

이 과에서는 인사관리과정의 부분으로 생산된 현용파일을 검토한다. 특히, 조직 내의 개인들에 관하여 생산된 두 '사안' 파일(case file), 즉 마스터개인파일(master personal files)과 작업용개인파일(working personal files)을 검토한다. 이 과는 또한 개인에 대한 중요한 정보자원인, '인사기록물카드'를 검토할 것이다.

정책과 계획문서를 포함하여 많은 기록물이 인사관리과정의 부분으로 생산되는 반면 사원 개개인의 공식적인 개인파일은 그 후보자가 그 또는 그녀의 자리를 얻을 때까지 생산하지 않는다. 임명장이 발행될 때까지 임시파일은 생산해야 한다. 임명이 없다면 채용과정에 관련된 문서작업은 보관하지 않는다.

인사 '사안파일' 이라고 불리는 개인 파일은 두 파일로 나누어 질 수 있다. 마스터개인파일과 작업용개인파일 이다. 여기서는 용어 '개인파일'을 사용한다.

> *사안 문서 파일(case papers/files)*: 특정 행위, 사건, 사람, 장소, 계획 또는 다른 주제와 관련된 문서나 파일. 서류일습(dossier), 소송기록 (docket), 특정한 예시서류(particular instance papers), 사업파일(projects file)이나 집행파일(transaction file)

직원 개개인에 대한 많은 정보는 오랫동안 보관해야 하나 다른 기록물은 곧 사용하지 않게 되고 일정한 시기를 넘어서면 보관할 필요가 없다. 마스터개인파일과 작업용개인파일을 지정하는 목적은 오랜 보존기간동안 원본 파일 내에 중요한 기록물을 편철하고 덜 중요한 기록물은 별도로 분리하도록 하여 일정 기간 후에 폐기할 수 있도록 하는 것이다.

마스터파일시스템은 모든 관련 공식 문서들을 하나의 파일 안에 모으고 그 파일 운영에 대한 책임은 분명히 할당함으로써 정보검색을 활성화한다. 작업용파일은 사람들이 직무를 수행하도록 복본을 포함할 수 있으나 오랜 기간동안 보관될 필요가 있는 원본 문서는 포함하지 않는다.

개인 파일은 또한 개인에 대한 주요 정보를 담아 낼 양식인, '개인기록카드'를 포함한다.

다른 양식들을 만들 수 도 있다. 이 양식들은 이 과의 후반부에 논의한다.

> *개별적인 피고용인에 대한 공식적인 인사파일은*
> *후보자가 그 자리를 맡을 때까지 생산하지 않는다.*

I. 마스터개인파일

마스터개인파일은 각각의 구성원마다 생산한다. 각 직원별 '마스터개인파일'의 지정은 파일들이 난무하는 것을 관리하는데 중요하다. 마스터개인파일은 원본문서와 요약기록을 모두 포함하고, 개인 경력의 완전한 기록을 내용으로 한다. 파일에 관한 문서들은 순차순으로 번호를 부여한다.

> *각 직원별 '마스터개인파일'의 생산은 파일관리에 중요하다.*

어느 곳에 마스터파일을 보관하는 가는 중요한 사안이다. 해당 국가의 조직적인 구조나 필요조건에 따라 그리고 의사소통이 되야 하는 방식에 따라 해답은 다양하다. 인사관리시스템이 매우 중앙 집중적일 경우, 행정기관장의 사무실, 공공업무부서, 해당 간부진의 사무실에 마스터파일을 보관하는 것이 적절하다. 작업용 파일은 해당 부처에 보관할 수 있다.

행정기관이 인사관련 사안별 위임권에 대하여 분명한 정책을 가지고 있을 경우, 그 원본파일은 지역의 부처, 부서 또는 지방기관에 보관할 수 있다. 그 마스터파일은 직원이 다른 기관으로 전보될 때 그 직원과 함께 이관한다. 중앙기관이 그 마스터파일을 검색할 필요가 있는 경우가 있는데 예를 들면 그 직원이 은퇴할 시기가 가까워 올 때이다. 이 경우, 마스터파일은 일시적으로 중앙기관으로 이관해서 연금수당 계산에 이용할 수 있다. 그리고나서 그 파일은 그 직원이 은퇴할 때까지 고용기관으로 반환한다.

시스템이 망가졌을 경우, 마스터파일을 구축하는 것은 인사기록물시스템을 새롭게 하는데 중요하다. 지정된 원본 파일은 불필요한 정보를 포함하지 않도록 하고 관련된 법률 문서들이 누락되지 않도록 하는 체계적인 노력이 필요하다.

마스터파일 보관에 필요한 규칙을 정해서 적합한 실무를 도입하고 감독하는 것이 중요하다. 규칙을 정할 때 다음 요소들을 고려한다.

- 직원별로 오직 하나의 마스터개인파일이 있다.
- 마스터파일은 고용인과 피고용인 사이의 법적 관계를 증명하여 기록하고 (documentation) 하나의 완전한 기록을 내용으로 한다.
- 중앙집중식 시스템에서 마스터파일은 모든 공무원에 대하여 책임이 있는 중앙기관 또는 해당 간부진에 책임이 있는 기관이 관리한다
- 분산된 시스템에서는, 종신직원이나 연금을 받을 직원을 위한 마스터파일은 모부처 (parent ministry)가 관리한다. 다른 직원들의 마스터파일은 고용단위별로 보관될 수 있으며 조직의 특정한 필요에 따라 다르다.

마스터개인파일에 들어가는 문서의 종류에는 다음과 같은 것들이 있다.

- 후보자의 응시원서는 생년월일, 성별, 인종, 국적, 주소, 교육사항, 관련경력사항, 참고인, 전문가단체에서 회원, 그 직무에 응시하는 이유에 대한 기본적인 정보를 제공한다.
- 임명장은 초봉, 직무기술, 사용 가능한 휴가 등과 같은 임명의 기간과 조건을 내용으로 한다.
- 수락서(letter of acceptance)
- 건강진단서
- 직위확정서(confirmation in post certificate)

이 문서들은 그 사람에 대한 기본기록을 구성한다. 개인파일이 존재하는 한 그 문서들은 그 안에 보관되어야 한다. 만약 아래의 관련 상황이 발생할 경우, 후속적인 정보를 마스터파일에 보관할 수 있다. 다음과 같은 것을 포함한다.

- 수행평가의 요약: 종합적인 점수, 승진에 대한 적합성, 잠재적인 능력
- 참석한 교육, 훈련개발과정에 대한 요약과 그 결과
- 승진장, 강등장, 전보, 파견근무장, 직장집단의 변화
- 관련 징계절차의 요약, 출근, 지각, 연가, 병가의 위반에 대한 요약 (절차에 관련된 문서들은 조속한 처리를 위해 작업용파일에 보관한다), 해고통지서
- 정리해고의 통지서
- 직무 중 사망통지서
- 은퇴통지서

이름, 주소, 친족의 변동사항과 같은 개인신상의 변화가 있을 경우, 인사부서에 알려서 기록물을 갱신하는 것은 직원의 책임이다.

2. 작업용인사파일

작업용인사파일은 관련된 문서나 기록의 복사본과 같은 필요한 참고 정보를 담고 있는데, 그 예로는 장래직무 계획, 중대하지 않은 과실관련 징계 사항에 관한 문서, 휴가 신청서와 같은 것이다. 작업용파일에 대한 규칙은 장기 보존 가치를 지닌 원본문서(original documents)를 포함하지 않는 것이다. 많은 시스템에서 작업용 파일은 직원이 새로운 부처로 자리를 옮길 때 같이 이관된다. 마스터파일은 주로 중앙지역에 보관될 것이다.

> 작업용 파일은 장기 보존가치가 있는 원본문서를 포함하지 않는다.

작업용파일은 지역에서 필요로 하는 동안에는 가능한 한 그 지역의 참조를 위해 보관한다. 그 파일은 특정한 인사기능을 지원하는데 필요한 정보만을 포함해야 한다. 그것은 지속적인 효력이 있는 법적 기록이 되지는 못한다. 그러므로 마스터파일이 적절히 관리되는 것이라면, 직원이 부처에서 전보되거나, 정리해고 되었을 때, 또는 은퇴했을 때 폐기처분될 수 있다.

이 파일들은 훈련 프로그램, 징계청문회, 평가수행과 같은 활동을 완료한 후에 적절한 기간이 경과되면, 파기할 수 있다. 예를 들면, 비록 종합적인 수행에 관한 점수, 승진적합성 그리고 잠재성과 같은 중요 데이터를 뽑아낼 수 있고 기록카드나 데이터베이스에 보관할 수 있다고 해도 수행평가기록은 보통 약 5년 동안만 보존한다. 평가기록은 장래직무계획과 함께 분리하여 보관하고 폐기처분 계획에 포함할 수 있다.

상임직원의 작업용 개인파일에서는 다음과 같은 형태의 기록물을 발견할 수 있다.

- 임명장의 사본
- 수락서/최종지급증서
- 임명확인사본
- 승진추천서
- 승진장사본
- 임명에 관한 세부사항
- 정부대출의 세부사항
- 은퇴선불금의 세부사항 (예를 들면 국가사업을 목적으로 개인에게 미리 지급된 돈-사업이 완료되었을 때 공무원은 은퇴하거나 그 돈의 수지를 밝혀야 한다)
- 여행하기 위한 통관절차에 관한 왕복서한

- 훈련이나 학습을 목적으로 하는 휴가에 관한 문서
- 징계사항에 관한 왕복서한의 사본
- 연가기록
- 파견근무/사임/은퇴/사망에 관한 왕복서한의 사본
- 개인에 관한 사적인 성격의 왕복서한

작업 중인 일당 지급 직원의 작업용 개인파일에서는 다음과 같은 형태의 기록물을 발견할 수 있다.

- 임명장 사본
- 수락서 사본
- 거주지 증명
- 연가에 관한 정보
- 징계사항에 관한 왕복서한
- 은퇴/사임에 관한 왕복서한
- 사망증명서

[연습 8]

학습자의 기관은 마스터파일과 작업용파일 생산하는가? 작업용 파일이 이용된 목적은 무엇인가? 마스터파일에는 어떤 종류의 정보, 그리고 작업용파일에는 어떤 종류의 정보를 편철하는가? 어떻게 인사기록물을 생산하고 관리하는지 간단히 약술하라. 그리고나서 인사기록물보관시스템을 향상시키기 위해 학습자가 할 수 있는 제안을 4가지 이상 제시하라.

---

3. 인사기록물카드

마스터개인파일은 개인기록카드나 종이를 포함할 것이다. 이 기록정보는 피고용인에 대한 모든 중요 정보를 담고 있다. 이 기록정보는
- 완전한 이름
- 생일

- 친족
- 결혼여부
- 집주소와 전화번호

카드에는 피고용인의 경력, 예를 들면 다음과 같은 정보가 기록될 것이다.

- 보직의 세부사항, 전보, 승진
- 은퇴일과 퇴직일

어떤 나라에서는 고용인에 대한 이 모든 정보를 수집하는 일이 어려울 수 있다. 많은 피고용인들이 전화를 가지고 있지 않거나, 피고용인들에게 민족적 배경을 물어보는 것이 정치적으로 적당하지 않을 수도 있다. 특히, 운송시설이 한정된 국가에서 시골지역의 직원들은 그들이 일하는 동안 친구나 친척들과 머무는 것이 필요하다는 것을 알 수 있다. 이러한 상황이라면 주소와 우편배달이 가능한 일시적인 거처의 주소를 기록하는 것이 더 낫다

어떤 세부사항들은 입주가 불가능 할 수 있다. 직원들이 항상 그들의 생일을 알고 있는 것은 아니다. 이와 같은 상황에서 등록담당은 그 직원으로부터 개산(概算)된 나이를 증명할 수 있는 서류를 구하도록 교육되어야 한다. 나이를 개산한 경우, '개산된' 또는 '근사값' 등 합의된 표현을 분명하게 기입한다.

이 개인기록카드는 중요기록정보이다. 중요한 정보(승진과 같은)를 기록하는 경우, 일선관리자의 서명과 서명일자를 기입할 여백이 있어야 한다. 인사기록물카드의 정보는 인사관리 데이타베이스 계획에 대한 기초를 제공한다.

카드는 전체인사파일을 보존하는 대신에 영구보존하는 경우가 있다. 그러나 이것은 카드에 완전하고 입증된 정보가 담겨있을 경우에만 고려한다.

예제개인기록카드는 도표 8에서 제시한다.

[연습 9]

학습자의 조직은 인사기록물카드를 생산하는가? 만약 그렇다면, 그 카드나 종이를 검토하고 이 과의 예들과 비교하라. 학습자가 조직의 카드의 도안, 형식, 내용 개선을 하기 위해 변경할 수 있는 제안을 세 가지 이상 써라.

교육업무부서원의 인사기록물
(가르치는 직원과 가르치지 않는 직원)

이름 _____　　성별 _____　　*등록
　　　　　　　　　　　　　　　　　　　　　　　　　　　번호 _____
_____
　　　　(대문자로 성먼저 기입)

생년월일 _____　　첫임명일과 등급 _____

　　　　　　　　　　　　　　확인일자 _____

국적 _____

본적지와 주소 _____

친족 _____　　　관계 _____

결혼유무(결혼, 미혼, 사별) _____

자녀들의 이름과 생년월일

(1) _____　　(2) _____

(3) _____　　(4) _____

(5) _____　　(6) _____

사용언어

(1) _____　　(2) _____　　(3) _____　　(4) _____

교육자격

수준	합격한 과목	연도
(i)		
(ii)		
(iii)		

전문가 자격

과정	기관	기간	자격증취득일
(i)			
(ii)			
(iii)			

도표 8: 개인기록카드의 예(페이지1)

승 진			
직위	효력일	급여수준	임용일

현재거주지주소

현재봉급

* 이름이 바뀌었다면 아래에 명기하시오.

이전이름	바뀐 날짜	인정기관

학교졸업후 경력/직위상 특기사항

학습휴가/ 육아휴가/ 병가/사임/해고/징계 등 복무의 중단이나 휴가에 대해 해당란에 날짜와 함께 나타내시오.

특기사항	기간	특기사항(날짜기입)
1		
2		
3		
4		
5		
6		
7		
8		

본인은 이 양식에 나타난 정보가 틀림없음을 확인합니다.

강사/직원의 서명
상급자서명

도표 8: 개인기록물카드의 예(계속)

4. 기타 인사정보양식

인사작업과 관련된 공정의 대부분은 반복적어서 양식을 이용할 수밖에 없다. 직무신청서, 휴가신청서, 전보확인 등이 그 예이다. 그래서 다른 형태의 양식은 성격, 용도 그리고 가치에 따라 다른 마스터파일 또는 작업용파일로 생산되거나 그 안에 보관된다.

각각의 조직의 필요에 적합한 양식의 범위는 기록관리자가 조직의 인사관리자 및 선임경영진과 의논해야 한다. 양식에 대한 결정은 해당국의 관련 법적인 요건을 고려해야 한다. 각 양식은 피고용인의 이름과 번호를 기재할 수 있도록 명확하게 지정된 공란이 마련되어, 만약 그것이 파일에서 절취되더라도 식별할 수 있어야 한다.

적절한 양식 디자인은 기록물을 판독하기 쉽고 완결성을 갖게 하며 적절한 출처를 파악하는데 중요한 도구이다. 이러한 이유로, 양식에는 일선관리자가 각 기입항목에 서명하고 날짜를 적을 수 있는 여백이 마련되어야 한다.

만약 인사기능을 자동화한다면, 데이터의 내용과 날짜기입이 편리하도록 재디자인 해야 할 것이다.

자동화된 인사기능의 관리는 5과에서 논의된다.

요약

이 과에서는 인사관리과정의 부분으로 생산된 두 가지 형태의 개인파일, 즉 마스터개인파일과 작업용 개인파일에 대해 검토하였다. 그리고 '인사기록물카드'를 검토하고 개인정보를 담고 있는 기타의 양식생산관리의 중요성을 논의하였다.

학습문제

1. 마스터개인파일이란 무엇인가?
2. 작업용개인파일이란 무엇인가?
3. 왜 조직은 마스터개인파일과 분리된 작업용 개인파일을 생산해야 하는가?
4. 마스터개인파일은 그 내용을 보호하기 위해 어떻게 관리해야 하는가?
5. 마스터개인파일에서 발견되는 전형적인 기록을 10개 이상 말하라.
6. 상임직원의 업무용개인파일에서 발견되는 전형적인 기록을 10개 이상 말하라.
7. 일용직직원의 업무용개인파일에서 발견되는 전형적인 기록을 10개 이상 말하라.
8. 인사기록물카드의 목적은 무엇인가?
9. 인사기록물카드에 나타난 정보는 무엇인가?
10. 왜 양식의 디자인을 관리해야 하는가?

연습: 조언

연습 8-9

연습문제에 대한 학습자의 답과 이 과에서 제공된 정보를 비교하라. 학습자의 조직 내 상황과 학습하고 있는 정보를 비교하고 유사점과 차이점을 생각해 보라.

수작업양식에서 인사기록물관리

종이문서로 이루어진 인사기록물은 공적부분에서 발견되는 가장 중요하면서 공간을 소모하는 기록물의 범주에 속하는 기록물이다. 비록 전산화 된 인사정보시스템이 점차적으로 일반화되어간다 하더라도, 특히 가까운 장래에도 인사기록물의 많은 부분이 계속 종이문서로 구성될 것이기 때문에 종이문서시스템을 어떻게 관리하는지 기록물관리자가 알아두어야 할 요건들이 있다.

게다가, 자동화된 인사시스템은 효율적인 수작업 시스템 위에 구축하지 않는 한 성공하기 어렵다. 어떤 경우에는, 수작업시스템이 주어진 자원을 이용할 수 있는 가장 효과적이며 실제적인 선택일 수 있다. 어떤 경우든, 관리적인 목적과 개인에 대한 정보의 보호를 위하여 종이문서에 기초한 인사기록물시스템을 효과적이고 능률적으로 관리하는 것이 중요하다.

이 과는 종이문서를 기초로 한 인사기록물시스템 관리의 실무적인 측면을 검토할 것이다. 여기에는 다음과 같은 것들이 포함된다.

- 인사기록물관리에서 나타나는 전형적인 문제점
- 집중 대 분산
- 공개파일 대 대외비파일
- 개인파일 번호부여
- 파일의 내부 배열
- 파일 표지 디자인
- 파일 종결
- 보유기간설정
- 영구보존용 개인파일의 선별
- 색인 및 이름표기의 관례
- 붕괴된 시스템의 복구

이 모듈의 이용자들이 이 과에서 논의된 개념을 이해하는 것을 돕기 위하여, 제시된 많은 연습문제들은 이 과에서 제시하는 권고사항들을 조직 내 인사기록물 관리의 실제사이와 비교하도록 권장한다.

I. 인사기록물관리에 수반되는 전형적인 문제점

> *인사기록물은 관리하기가 매우 복잡할 수 있다.*

다음은 마주칠 수 있는 전형적인 문제들이다.

- 종종 시스템으로부터 비현용 인사기록물을 없애거나 폐기하기 위한 효과적인 절차는 없다. 인사기록물은 개인의 권리를 보호하기 위하여 오랜 기간동안 보관해야 하고, 폐기는 주의깊게 해야 한다. 그러나 많은 나라에서 초기 기록물이 백년도 더 되었다는 사실에도 불구하고 어떤 인사기록물도 폐기되지 않았다.

- 인사기록물과 이전 직원 관련 기록물이 함께 보관되어 있는 것을 발견하는 것은 흔히 있는 일이다. 이것은 귀중한 사무실 공간을 낭비하는 것이다. 게다가, 더욱 심각한 것은 현용되는 파일이 필요할 때 그것을 검색하는 어려움을 증가시킨다는 것이다.

- 기존의 시스템은 인사관리에 관련된 많은 문서들을 다방면에 걸친 복사본을 불필요하게 증가시키는 경향이 있다. 이것은 필요한 문서의 검색을 점점 어렵게 한다. 게다가, 생산된 서류의 양에도 불구하고 공무원의 인사파일은 불완전한 경향이 있다.

- 사람의 이름을 쓰거나 철자화하는 순서와 관련하여 폭넓게 용인된 합의가 없는 경우가 많다. 이것은 편철과 검색시 문제를 초래한다.

- 인사기록물은 전산화된 직원명부시스템을 감사하기 위해 정확한 데이터의 가치 있는 정보를 제공해야 하나 기록물이 체계적으로 보관되지 않았기 때문에 거의 불가능하다.

- 비밀과 보안의 필요성에도 불구하고, 기록물은 종종 부적절하게 보관된다.

- 행정기관장의 사무실과 같은 곳에서 인사파일을 집중적으로 보관한다고 할지라도, 각 부처에서 자체 파일을 생산하는 것은 통상적이다. 이 파일들에 대한 분명한 정책이나 절차없이 공무원들이 한 부서에서 다른 부서로 전보되면서 그들과 함께 해당 파일이 이관되지 않는 것을 흔히 발견할 수 있다. 이것은 어떤 공무원에 관하여나, 공개 그리고 비공개 모두, 다방면에 걸친 파일들의 존재하는 결과가 된다.

- 인사기록물은 일반적으로 직원이 은퇴할 연령에 이른 한참 후 까지 보존할 필요가 있다. 동일 직원에 관해 다양한 파일이 존재하면 어떤 기록물을 보존할지 결정하기가 어려워진다.

통상적인 편철의 문제점

인사파일의 완결성에는 종종 실질적인 갭이 존재한다. 이 이유 중 하나는 새로운 직원이 조직에 합류할 때 새로운 파일을 시작하는 일반적인 관례에서 일어나는 것으로, 부처, 지역, 구역에서 공개파일이나 비밀파일의 복본을 만드는 것이 만연되어 있기 때문이다. 이론적으로, 행정분야에서, 재임 중 여섯 번 정도 전보되는 중간계급의 공무원은 수십 개의 파일들을 생산할 수 있다. 게다가, 인사등기가 혼잡하고 통제시스템이 무너지면서 많은 수의 파일들이 기관내에서 잘못 배치된다. 파일을 잘못 처리하는 것은 많은 수의 임시파일을 생산하게 한다. 그래서 중요한 인사정보는 각종 파일안에 무질서하게 퍼져버린다. 게다가 편철을 위해 문서를 보내는 절차는 종종 간과된다.

> 인사기록물의 완결성에는 실질적인 갭(gap)이 있을 수 있다.

그 결과 해당 직원에 관한 정보는 단편적이 되며 해당 기록물이 완전한 것인지를 아는 일은 불가능하게 된다. 목적은 중복된 인사파일이 만연하는 것을 감소시키고 남아있는 것의 완결성을 갖추는 것이다.

통제를 복구하기 위하여 기록물관리 프로그램을 이행하기 전에 인사기록물의 최신성을 유지하기 위한 책임에 대하여 합의가 있어야 한다. 개인에 대한 조사나 세부사항의 포괄적인 점검을 통해 인사 기록물의 질을 향상시키기 위한 프로젝트는 기록물의 정확성과 신뢰도를 강화하기 위한 조치도 포함해야 한다.

전산화를 계획할 경우 정보시스템을 담당하는 직원과 협력하여 작업할 기회가 있다. 개인들의 세부사항을 폭넓게 상호 점검하거나 조사하여 인사기록물의 질을 높이기 위한 계획에는 그 기록의 정확성과 신뢰도를 높일 수 있는 조치들을 포함해야 한다.

인사기록물의 지속성을 유지하기 위해 복본파일을 허용하지 않는 것이 중요하다. 참조번호는 알고 있으나 파일을 찾을 수 없는 경우에는 복본파일을 만들어야 한다. 그 복본파일에는 잃어버린 파일과 같은 번호를 부여하고 표지에, '임시복본파일'과 같이, 합의에 의해 정해진 형식의 문구를 표시해야 한다. 문서담당직원은 상급자와 협의 없이는 이 복본파일을 공개할 수 없으며, 상급관리자는 복본파일을 허가하기 전에 마스터파일을 찾기 위한 모든 노력을 해야 한다. 만약 원본을 찾을 경우 두 파일의 내용을 통합해야 하고 서류들은 바른 순서대로 서로 편철한다. 복사본의 파일 표지는 독자적인 정보를 기록하기 위해 이용되는 것이 아닌 한 폐기되어야 하며, 독자적인 정보를 기록하는 경우는 영구파일의 표지 아래 삽입한다.

만약 참조번호가 있는데 파일이 폐기된 경우라면 파일을 새로 만든다. 파일은 폐기된 것과 동일한 번호를 갖도록 하고 '이전 파일은 폐기됨'과 같이 합의에 의해 정해진 형식으로 표지에 표기해야 한다.

만약 한 직원이 두 개의 다른 참조 번호를 가지고 있는 것을 발견한 경우 (그래서 두 개의 분리된 파일), 그 파일들은 위에서 제시한 방법으로 통합한다. 마스터색인으로부터 잉여 카드를 제거하고 그 파일에 관련된 모든 문서에 새로운 번호를 부여하는 방식으로 두 개의 번호 중 하나는 제거해야 한다. 마스터색인에 남아 있는 카드에는 '이 직원용 파일번호 xxx는 삭제됨'과 같이 합의에 의해 정해진 형식으로 주석을 달아야 한다. 이 삭제된 번호는 일람표에, 그리고 마스터파일이나 관련된 기록지에 '파일번호 yyy와 통합함' 과 같이 합의에 의해 정해진 형식으로 표시한다.

만약 직원이 두 가지 다른 이름아래 등록되었다면 그 파일을 통합하고 위에 기술한 대로 두 참조번호 중 하나를 삭제해야 한다. 직원이 하나 이상의 이름으로 알려져 있다는 표시와 함께 두 번호 모두 통합된 파일 위에 나타나야 한다. 그리고 하나의 이름은 마스터색인에서 나머지이름과 상호참조 되어야 한다.

2. 집중 대 분산

인사파일은 조직내 한 사무실에서 집중식으로 관리되거나 다른 부서들에서 분산된 체계로 관리될 수 있다. 집중식 인사관리체계에서는 인사관련 사항을 채용, 보직, 승진 그리고 연금 등과 같은 관리 활동을 책임지는 중앙부서로 보낸다. 집중식 인사관리체계에서는 개별적인 부서는 관리에 대한 책임과 인사관리기능에 관한 보고의 책임이 주어진다. 때때로 연금관리와 같은 일정한 활동은 집중되고 채용과 승진과 같은 다른 것들은 분산되기도 한다. 게다가, 이 기록물의 주요한 이용자들은, 일부는 수도에 살거나 일부는 정보의 이용이 좀 더 어려운 지방에 있을 수 있다.

> 인사기록물을 집중적으로 관리하거나 분산된 방법으로 관리하는 것을 결정하는 것은 인사기록물 시스템이 조직의 서로 다른 부분과 어떻게 상호작용 하는지에 달려있다.

인사기록물을 집중적으로 관리할지 분산된 방법으로 관리하는 것을 결정할 때는, 어떻게 인사기록물시스템이 기능하고 또 조직의 다른 부분과 상호작용 하는지 고려해야 한다. 상황은 각기 다르지만 다음과 같은 요소들이 고려되어야 한다.

- 이해당사자들(stakeholder). 기록물시스템은 조직 운영상의 목적을 지원해야 한다. 누가 시스템에서 이해관계를 가지고 있는지 그들이 성취하고자 하는 것이 무엇인지 아는 것은 중요하다. 예를 들면, 만약 행정기관장이 중간계급 공무원들의 관리에 대한 책임을 중앙기관(공공업무부처와 같은)에서 일선기관의 인사부서로 옮기고자 할 경우, 기록물시스템은 더 분산화 될 것이다.
- 최종이용자 지원. 인사기록물시스템은 직접 또는 간접적으로 각 직원들에게 영향을 미친다. 그래서 그 시스템은 특히 그 시스템을 가장 많이 이용할 행정부서의 장과 직원들을 가장 많이 지원해야 한다. 중앙집중식 또는 분산식에 대한 결정은 그들의 필요를 지원해야 한다.
- 정보의 흐름. 시스템내의 서류의 흐름을 분석하고 불필요한 복본을 식별하고 더 나은 시스템의 디자인이 가능하도록 분석되어야 한다.
- 통신의 효율성. 통신이 불확실하고 느린 경우, 이해당사자들에게 스스로 일련의 인사파일을 보관할 수 있도록 장려할 수 있는 이점이 있다. 필요할 때, 통신으로 이용자들에게 정보를 보내는 것을 용이하게 하려면, 개인과 관련된 파일의 수는 감소시켜야 한다. 어느 쪽이나 파일의 수는 절대적으로 최소한도로 보관해야 한다.
- 보안성. 비밀 정보를 담고 있는 인사파일의 생산, 이용, 이동은 엄격하게 통제되어야 한다.
- 자원관계. 작업이 크면 클수록, 기관의 지원과 필요한 자원도 더 많이 필요하다. 변화를 수행하기 위해 필요한 자원에 따라 이익의 균형을 확보하는 것이 필요하다.
- 새로운 정보시스템의 영향. 인사기록물시스템이 전부 종이에 기초한 경우라 할지라도 급여대장과 같은 영역의 자동화는 인사정보가 관리되는 방식에 영향을 미칠 수 있다.

[연습 10]

학습자의 기관의 인사기록물은 집중식인가 분산식인가? 아니면 일부 기록물은 집중식으로 관리되고 다른 기록물은 분산식으로 관리되는가? 사용 중인 시스템을 약술하라. 그리고나서 위에 약술된 요소에 근거하여 집중식 또는 분산식 시스템을 추천할 수 있는지 설명하라. 의견에 대한 이유를 제시하라.

---

3. 공개파일 대 대외비파일

인사정보를 다루는 모든 직원은 보안책임을 지고 있으며, 권한이 있는 공무원을 제외하고 다른 사람에게 직원에 대한 인사정보를 유출해서는 안 된다. 공개된 파일 또는 대외비파일을 이용하는 관례는 많은 국가에서 통상 있는 일이다. 용어 '공개'는 물론 파일을 누구에게나 공개한다는 것을 의미하는 것은 아니며, 그 파일을 볼 수 있도록 승인된 직원에게 공개한다는 것이다. 대외비파일에 대한 접근권은 제한한다.

어떤 경우, 대외비파일은 공개파일 시리즈에서 옮겨 별도의 물리적 공간내에 보관하며 그 공간이란 대외비등록소나 사설사무국의 사무실 일수도 있다. 종종, 대외비 파일은 독립된 시리즈로 취급한다.

다양한 수준의 보안이 존재한다. 파일은 공개, 대외비, 기밀, 일급기밀 등으로 분류할 수 있다. 보안의 적절한 수준과 열람 제한이 적용될 것이다. 기밀심사에 관한 경찰보고와 같은 국가안보규칙과 밀접하게 관련하여 특별보안을 필요로 하는 문서는 분명히 특별한 보호를 받을 만한 가치가 있다.

대외비파일에 무엇을 편철할 것인가에 대한 기준을 정하는 것은 중요하다. 때때로 공개된 기록관리실에서는 보안이 매우 취약하여 중요한 기록은 편철을 목적으로 대외비 기록관리실로 보내기도 한다. 동시에 기록물은 민감하기 때문이 아니라 우송 업무에서 더 높은 표시가 우선처리 순위를 주기 때문에 대외비를 표시할 수 있다. 그 결과 너무 많은 문서들이 대외비 파일로 편철될 수 있다. 비밀해제시스템이 없어서 한번 잘못 분류하면 쉽게 비밀해제할 수 없을 수도 있다. 이 두 형식의 파일 내용은 명확해야 하고 대외비파일의 생산은 특별한 경우로만 한정되어야 한다.

> 인사정보를 다루는 모든 직원은 보안유지 의무가 있으며
> 일부 인사정보는 공개파일에 보관해서는 안된다.

[연습 11]

학습자의 조직에서 인사파일은 대외비로 분류되는가? 전부인가 아니면 일부만 대외비인가? 인사기록물을 열람하기 위한 단계를 결정하는데 어떤 기준을 적용하는가? 이 연습의 각 질문에 대답하는 동안 인사기록물의 분류과정을 약술하라.

---

4. 개인파일 번호부여

개인파일이 이름순으로 조직된 것을 발견하는 일은 흔히 볼 수 있다. 이것은 이름표기 관행이 부처마다 일관적으로 적용되지 않을 수 있기 때문에 문제의 소지가 있다. 최적의 효율은 파일을 숫자순으로 배열할 때 얻을 수 있다. 행정기관을 통해 조직의 구성원은 고유번호를 부여받고 그 이름과 번호는 인명색인에 조직된다.

> *인사파일은 번호순으로 보관하는 것이 적합하다*

각 공무원별로 독자적인 식별번호를 요구하는 것은 또한 직원명부, 연금, 그리고 다른 인사관련 기능을 통제하는 것을 돕는다. 기록물관리자들이 정부 전체의 새로운 인사번호시스템을 도입하여 관리하는 것은 비실용적인 일이며, 가능하면 기존의 번호체계를 이용하는 것이 현명한 일이다.

이 번호의 출처는 상황에 따라 다양할 것이나 직원명부번호, 소득세번호, 국가별식별번호일 수 있다. 이 번호들 중 어떤 것을 이용하느냐에 따라 이점과 불리한 점이 있다. 다음은 고려해야 할 요소들이다.

- 번호체계를 유지하기 위한 장기적인 약속이 있는가?
- 새로운 번호가 동일 개인에게 부여될 수 있는 가능성이 있는가?
- 시스템이 모든 피고용인에게 영향을 미치는가?

만약 고유번호 시스템이 확인될 수 있다면 어떤 개인과 연결된 번호는 그 개인과 관련된 모든 사안에서 참조로 인용할 수 있다. 이것은 정보가 종이문서에 있거나 전자적으로 보관되어 있거나에 관계없이, 시스템의 어디에서나 그 사람에 대한 정보검색을 가능하게 한다.

특정번호시스템의 예기치 못한 문제들을 확인하기 위해 이 문제는 해당 기관들과 논의할 필요가 있다. 예를 들면, 일급으로 지불받는 직원 직원명부에 올라가 있지 않을 수도 있고, 시민은 국민고유카드번호(national identity card number)를 잃었을 때 새로운 카드번호를 발급받을 수 있다. 이런 상황들은 그 시스템을 무력하게 만들 수 있다.

만약 독자적인 번호 체계를 식별할 수 있다면, 어떤 개인과 연결된 번호는 그 개인과 관련된 모든 사안에서 참조기능을 할 수 있다. 중앙정부기관이나 부처에 보관된 인사파일은 참조번호순으로 다시 조직하거나 색인할 수 있다. 파일의 출처에 관한 혼란을 피하기 위해 생산기관의 이름을 분명히 파일표지 위에 표시하는 것이 중요할 것이다.

위에서 약술한 모든 기준을 충족하는 번호체계를 식별하는 것이 불가능 할 경우, 절충하는 방안이 있을 수 있다. 예를 들면, 만약 직원명부번호를 유일한 식별자로 선택했으나 일용직 근로자가 직원명부번호를 가지고 있지 않은 경우, 인사파일의 주된 시리즈는 직원명부번호순으로 관리하면서, 일용직 근로자의 파일을 알파벳 순서로 조직할 수 있다.

[연습 12]

학습자의 조직에서는 어떻게 인사 파일의 번호가 정해지는가? 사용된 번호시스템을 약술하라. 만약 번호시스템을 사용하지 않는다면, 기록물을 어떻게 배열하는지 기술하고 학습자가 이용할 수 있다고 생각하는 번호체계를 표시하라.

---

5. 파일의 내부 배열

파일표지 안에 서류를 배열하는 방법은 『현행기록: 생산과 관리』에서 논의할 것이다. 몇 개의 더 세분화된 관점들은 직원개인파일과 관련해서 생각할 필요가 있다.

만약 인사파일에 인사기록물종이나 카드가 보관되어 있다면 그 기록종이나 카드는 즉시 검색할 수 있는 곳에 배치할 필요가 있다. 그 정보는 파일의 중간에 '묻히지' 않도록 한다. 만약 '뒤에서부터 앞으로(back-to-front)' 편철방법을 적용한다면, 인사기록물종이를 파일의 다른 서류로부터 분리하여 보관할 필요가 있다. 인사기록물종이를 파일의 앞쪽에 배치한다면, 새로운 서류를 추가했을 때 그 새로운 서류들 앞으로 재배치할 필요가 있다. 이 방법은 종이가 반복취급으로 인해 곧 손상될 것이므로 추천할 만한 것이 못된다.

> 인사기록물종이나 카드는 즉시 검색이 가능하도록
> 편철할 필요가 있다.

분리된 편철시스템에서 파일 안쪽의 왼쪽이나 오른쪽에 서류를 합하도록 끈(treasury tag)[3]을 사용할 경우, 인사기록물종이는 파일의 한편에 놓고 남은 서류는 다른 편에 놓는다. 다른 대안은 인사기록물종이양식을 파일 표지의 안쪽이나 뒷면에 출력하는 것이다. 이것은 자동

---

3) treasury tag의 실물 사진 참조.(역주)

http://www.buy-office-supplies-online.co.uk/clips-pins-bands.php

적으로, 분명한 장소에 인사기록물세부사항을 보관하는 것이나, 종이를 잇대어 사용할 수는 없다.

*편철방법에 관한 더 많은 정보는 『현용기록: 생산과 관리
(Organizing and Controlling Current Records)』를 보라.*

[연습 13]

학습자가 속해 있는 조직의 인사파일 안의 기록물은 어떻게 배열되어 있는가? 이용된 과정을 기술하라. 적절한 안내나 절차가 있는가? 만약 그렇지 않다면 학습자가 생각하기에 설정할 수 있는 과정이나 개발할 수 있는 절차를 기술하라.

---

6. 파일표지의 디자인

개인파일의 파일표지의 디자인은 행정기관의 정책파일에 사용된 디자인과 몇 가지 측면에서 다를 것이다. 표지에 부서명을 인쇄하거나 날인해야 한다. 어떤 조직은 '공개' 나 '대외비'를 표시한다. 표지의 앞면에는 다음과 같은 사항이 포함되어야 한다.

- 직원명
- 직원의 번호

또한 다음을 위한 공란을 비워두는 것도 필요할 수 있다.

- 직원의 성별
- 직원에 대한 다른 중요한 정보

만약 가능하다면, 표지는 어디에 세부 사항이 들어갈 수 있는 지 공간을 분명히 표시한 상태로 미리 출력되어야 한다. 미리 출력하는 것이 불가능하다면, 직원은 파일 표지 위에 각각의 정보를 기재할 장소에 관해 분명한 지시를 받아야 한다. 각각의 파일 표지의 구도가 일관성 있도록 하여 직원이 어디서 주어진 정보를 찾을 것인지 알 수 있도록 하는 것이 중요하다. 만약 이것이 이루어지지 않으면 많은 시간을 낭비할 수 있다.

파일 참조는 검색을 돕기 위해 파일의 등과 오른편 구석에 나타내야 한다. 손으로 쓴 것일

경우 크고 굵은 글씨체를 사용하고 작고 필체가 좋지 않은 글자는 쉽게 알아보기 힘들며 이 때문에 잘못 편철될 수도 있다.

도표 9는 파일표지의 예이다.

7. 파일 종결

『현용기록: 생산과 관리』에서 언급한 바와 같이 3cm 이상인 파일을 닫고 계속 파일을 열어 새로운 문서를 더할 수 있도록 하는 것이 바람직하다.

개인 파일을 닫는 절차는 다음과 같다.
1. 완료된 파일은 '2의 1, 종료[일자]'처럼 합의된 표현 형식으로 표시되어야 한다.
2. 모든 현행 데이타는 구파일의 표지에서 새로운 파일표지로 복사되며, 새로운 파일은 '2의 2 계속파일'과 같이 합의된 의해 정해진 표현 방식으로 표시한다. 두 파일 모두 같은 파일 전거를 가지며 함께 보관한다. 종결된 파일을 멀리 떨어진 보관소로 옮기는 것은 바람직하지 못하다. 왜냐하면 이것은 한 직원의 완비된 경력기록을 다른 두 장소의 파일을 검색해서 얻을 수 있다는 것을 의미하기 때문이다.
3. 만약 새로운 계속파일을 나중에 새로 시작한다면, '3의 3'이 될 것이며, 2(part 2)는 종료된 것으로 표시하고, '3의'라는 단어는 완료된 두 파일 모두에 첨기한다.

이 원칙들은 인사정책파일의 종료에도 적용된다.

[연습 14]

학습자의 조직에서는 커다란 인사파일은 어떻게 처리하는가? 완료하고 나서 계속파일을 여는가? 이용된 과정을 약술하라. 그리고 과정을 개선하기 위한 제안을 적어도 3가지 적어 보아라.

---

8. 보존기간의 설정

개인파일은 오랜 기간동안 보관할 수 있다.

개인파일은 직원의 작업기간동안 그 시스템 안에서 보관해야한다. 그리고 그것들은 모든 연금이나 다른 권리들을 종료할 때까지 행정업무 규칙이나 법안에 의하여 요구되는 시간동안 그리고 모든 연금이나 다른 권리들이 분명히 완료될 때까지 안전한 설비에서 보관한다. 특히 동일한 사람과 관련하여 여러 개의 파일이 있을 경우, 중앙구역시설에 완결된 파일을 보관하면 연금에 관한 권리 정산에 도움이 된다. 파일의 집중 보관은 비용 삭감의 집행을 위한 감사용 데이터를 제공할 수 있다. 그와 같은 파일을 얼마동안 보관할 것인가는 행정업무에 책임이 있는 선임경영자와 협력하여 결정할 필요가 있다.

좀 더 유명한 공무원의 개인 파일은 영구보존의 가치가 있을 수 있다. 몇몇 국가에서는 유명한 개인에 관한 다른 유용한 정보원, 예를 들면 행정업무에 관한 연감이나 'Who's who' 와 같은 출판물이 있으므로 공무원인사기록물의 일부만 영구 보존된다. 이와 같은 정보원이 없을 경우 주요한 공무원의 파일을 보존해야 할 이유는 여러 가지가 있다.

또 전시에 국가방위에 공헌한 개인들의 공익성 때문에, 국가에 봉사하는 사람들을 포함해서 군복무기록을 선별해야 하는 경우도 있다.

보존기한을 결정하는 것에 대한 더 많은 참조를 원할 경우
『기록물평가시스템』을 보라.

그 기관의 기록보관소에 도착하는 파일들은 결국 공공에 이용될 것이다. 영구보존하기 위해 선별되어 이관된 인사기록물은 보통 일정 기한 후, 대략 생산 후 70년 정도까지, 일반인이 이용할 수 있다.

그 긴 폐쇄된 기간은 다음과 같은 사안들을 위해 고려된 것이다.

- 그 인사기록물의 대상인 개인이 사망한다.
- 그 기록물의 공개가 살아있는 친족들에게 비탄 또는 사회적인 곤란함을 야기하지 않는다.

인사기록물이 대외비, 기밀, 일급기밀 등과 같은 보안등급을 부여 받은 경우, 그 기록물은 공식적으로 비밀 해제될 필요가 있다.

9. 색인 그리고 이름표기의 관례

만약 인사파일에 번호를 매긴다면 그 파일에 접근하기 위해 색인이 필요할 것이다.

피고용인에 대한 색인은, 아래에서 설명하는 것처럼, 카드색인 또는 명세서 형식이거나 또는 전산화된 데이터베이스일 수 있다. 만약 색인카드나 명세서 형식이 사용된다면 그 안에는 기록될 정보들이 들어갈 수 있도록 충분한 공백을 주고 인쇄된 머리글이 있어야 한다. 이 색인은 피고용인의 성명과 그(녀)의 번호를 연결하여 파일들을 찾아 볼 수 있어야 한다.

카드나 명세서 형식에 담긴 정보는 파일들을 쉽게 검색하고 신속히 재배열할 수 있도록 배열되어야 한다. 정보의 두 가지 매우 중요한 항목-피고용인의 성명과 파일번호-는 카드의 맨 상단부에 위치해야 한다. 좋은 배치는 검색자로 하여금 정보의 가장 유용한 부분을 찾기 쉽도록 해서 검색 시간을 단축하는 것이다. 모두 채워진 카드와 명세서 형식의 색인은 색인함 또는 명세서첩에 피고용자의 이름순으로 배치되어야 한다.

이름표기의 약속

만약 시스템이 효과적으로 작동하려면, 개인의 이름을 기록하는데 기준이나 협약이 있어야 한다. 피고용인의 성명은 주의깊게 완전성명으로 기록해야 한다. 피고용인들의 이름은 성 다음에 하나 이상의 이름이 오는 구조로 된 나라에서는, 성이나 원칙적으로 법적 효력이 있는 이름이 먼전 오는 것이 관례이다. 만약 가능하다면, 색인 카드나 명세서 형식 그리고 파일 표지는 이름에 별도의 사각 모양으로 인쇄를 해서 쉽게 발견되도록 한다. 사각 모양을 만들지 않은 경우에는 밑줄을 그을 수 있다. 성은 분명히 구분할 수 있어야 하며, 구분을 위해 별도의 사각 모양으로 표시할 수 있다. 이름이 성과 이름순으로 배열된 나라에서는,

이름은 그 순서대로 기록되는 것이 자연스럽다.

어떤 나라에서는, 사람들은 다양한 이름으로 자신들을 나타내기도 한다. 이 경우, 그들에게 알려진 모든 이름을 말해달라고 요구해야 한다. 이 이름들은 파일과 색인 양쪽에 기록되어야 한다. 하나 이상의 이름을 가진 경우 이외에도 결혼으로 이름이 바뀌는 피고용인을 위해서도 색인에 상호참조를 삽입할 필요가 있다. 그와 같은 예에서는, 완전색인카드는 결혼한 뒤의 이름이나 더 자주 사용되는 이름으로 만들고, 다른 이름은 간략한 상호참조카드를 만든다.

이름의 철자

피고용인의 이름에 대한 철자법이 만들어질 필요가 있다. 성이 여러 가지 방법으로 철자화 될 수 있는 경우, 그 이름들을 일관성 있게 처리하는 것이 중요하다. 만약 피고용인이 글자를 알 경우, 그들 이름의 철자를 물어 볼 수 있다. 글자를 모르는 피고용인의 경우, 사무원은 그 피고용인이 적당하다고 생각하는 방식으로 이름의 철자를 사용하고, 이때 하나 이상의 방법으로 철자화될 수 있는 이름에 대한 지침을 제공할 수도 있을 것이다. 이 경우 기본적인 철자법 목록이 도움이 될 수 있다.

색인에서 다양한 이름을 처리하는 일은 중요하다. 가장 간단한 방법은 선택된 철자의 이름으로 사무원을 인도해 주는 상호참조카드를 삽입하는 것이 효과적이다. 하나의 알파벳에서 다른 알파벳으로 음역이 필요한 경우도 같은 사안이 발행한다. 이런 일이 자주 발생하는 나라에서는 기관이 그 절차를 고안해 내야 한다.

동일한 이름을 가진 피고용인들을 구분할 경우, 대부분의 사회에서 피고용인의 아버지의 이름과 그 어머니의 처녀시설 이름이 가장 유용한 정보원이 된다. 이와 같은 이유로, 마스터 색인에 둘 이상의 동일한 이름을 가진 카드가 있을 때, 어머니의 처녀적 성의 순서로 배열되어야 한다.

[연습 16]

학습자의 나라에서 이름을 부르는 약속은 어떻게 되어 있는가? 예를 들면, 성은 첫 이름 앞에 오는가 아니면 뒤에 오는가? 몇 몇의 예에서는 다른 알파벳이 사용되고 있는가? 사람들은 긴 이름을 가지고 있는가? 아니면 복합된 이름을 가지고 있는가? 인명순으로 파일을 조직할 때 영향을 미칠 수 있다고 생각되는 이름을 부르기 위한 약속을 확인해 보라. 그리고 이 특별한 이름표기방식을 처리하기 위하여 학습자가 생각해 낼 수 있는 제안을 네 가지 이상 적어 보라.

---

10. 붕괴된 시스템의 복구

관리되지 않는 기록물시스템의 가장 보편적인 문제들 중 하나는 매일 매일의 작업에 필요하지 않는 파일들이 좁은 공간에 혼재되어 있다는 것이다. 인사기록물시스템에서 이 파일들은 다른 부서나 행정기관 또는 민영화된 조직으로 전보된 개인 또는 사망, 사임, 은퇴, 인원 감축된 직원들과 관련이 있다. 이러한 과밀한 보관 조건에서, 각 부처들이 필요로 하는 정보를 제공하는 것은 거의 불가능하다. 이들 붕괴된 시스템들은 복구되어야 한다.

> 붕괴된 인사기록물시스템은 조직이 능률적으로 기능하도록 돕기 위해 복구되어야 한다.

이들 시스템들의 복구에서 가장 먼저 해야 할 중요한 조치들 중 하나는 지정된 기간, 예를 들면 10년 또는 15년 동안 사용되지 않는 파일들을 확인해서 물리적으로 이동시키는 것이다. 이파일들은 연금이나 그들이 받아야 할 혜택들을 정산하기 위해 여전히 필요하기 때문에 비용이 많이 들지 않는 보관시설로 체계적으로 이동해야 한다. 이 과정은 '혼잡완화' 기록물시스템이라고 한다.

> 이에 대한 더 많은 정보는 『현행기록관리체제의 재구성 업무 편람』를 보라.
> 레코드센터의 기록물이관에 관한 더 많은 정보는 『자료관의 기록관리』를 보라.

혼잡완화를 하기 위한 접근은 다음과 같다. 이 방법은 고용기관이 마스터색인파일을 보관하기로 결정한 경우와 누가 각 부처에서 일하는 지 확인하기 위해 직원의 급여장부 또는 다른 최종적인 목록을 이용하는 경우에 가장 효과적이다.

1단계

모든 인사파일은 4가지 범주로 나눈다.

- A: 현재 그 부처를 위해 일하고 있는 직원들
- B: 그 부처에서 일했으나 다른 곳으로 전보된 직원들

- C: 현역에서 더 이상 종사하지 않는 직원들이나 인원감축, 은퇴, 사임, 해고 또는 사망한 직원들. 폐기되어도 좋은 파일을 구별하기 위해 평가와 선별이 좀 더 요구될 것이다.
- D: 직원의 지위가 불명확하여 파일을 다른 범주로 배치함으로써 점차로 그 파일이 제 거될 수 있는 직원들

이 과정은 도표 10 혼잡완화과정에서 요약한다.

이 과정은 시스템에서 중복되거나 불필요한 파일을 다음과 같은 방식으로 점차 제거한다.

- C 범주 파일의 등록부를 혼잡완화시킴으로써
- A 범주를 재조직해서 검색이 쉽게 되도록 함으로써
- 현재 고용주가 보관하는 파일들에 B 범주파일을 합쳐 B범주의 파일을 감소시킴으로써

2단계

일단 활용되지 않는 파일들이 제거되면, 시스템 복구 작업은 좀 더 쉽게 달성할 수 있을 것이다. 다음 단계는 복본파일의 문제점을 언급한다. 전산화를 도입할 예정이라면 혼잡완화 과정을 동시에 발생시켜 전산시스템의 개발을 지원해야 한다. 만약 가능하다면, 특정 부처 에서 어떤 기록관리 계획이라도 전산화된 인사시스템의 시행 이전에 해야 하며, 이렇게 함 으로써 공공업무에 더 이상 종사하지 않는 피고용인에 관련된 파일 정보를 포함시키지 않을 수 있다.

3단계

다음과 같이 함으로써 이 개인파일의 질과 완전성을 개선한다.

- 무엇을 공개하고 비공개할 것인지 분명히 함으로써
- 작업용 파일에서 마스터파일을 분리함으로써
- 좀 더 적절한 기록관리실무를 격려함으로써
    - 기록관리자들의 경력개발을 향상시킴으로써
    - 훈련시킴으로써
    - 개인파일의 정확성과 포괄성을 감사함으로써

위 사안들의 몇몇은 다른 과에서 좀더 세밀하게 다루어 졌다.

	행정업무담당관실					

행정업무담당관실
(인사)

푸른색으로 상단 외부 구석에 연속적으로 페이지 번호를 매기시오 . 각 의사록의 시작페이지는 각기 다른 시작번호를 연속적으로 부여한다. 의사록은 지면이 할애한다면 마지막 첨부물의 마지막장에 쓴다. 만약 지면 이 남지 않는다면 문서의 마지막장에 의사록페이지를 삽입하도록한다.	**파일번호** PB- 　　Vol

N U M B E R

이름

To	Page	Date	To	Page	Date	To	Page	Date
						기록실로의 파일 발송 권한		
						담당자 서명　　　　날짜		

도표 9: 파일표지의 예

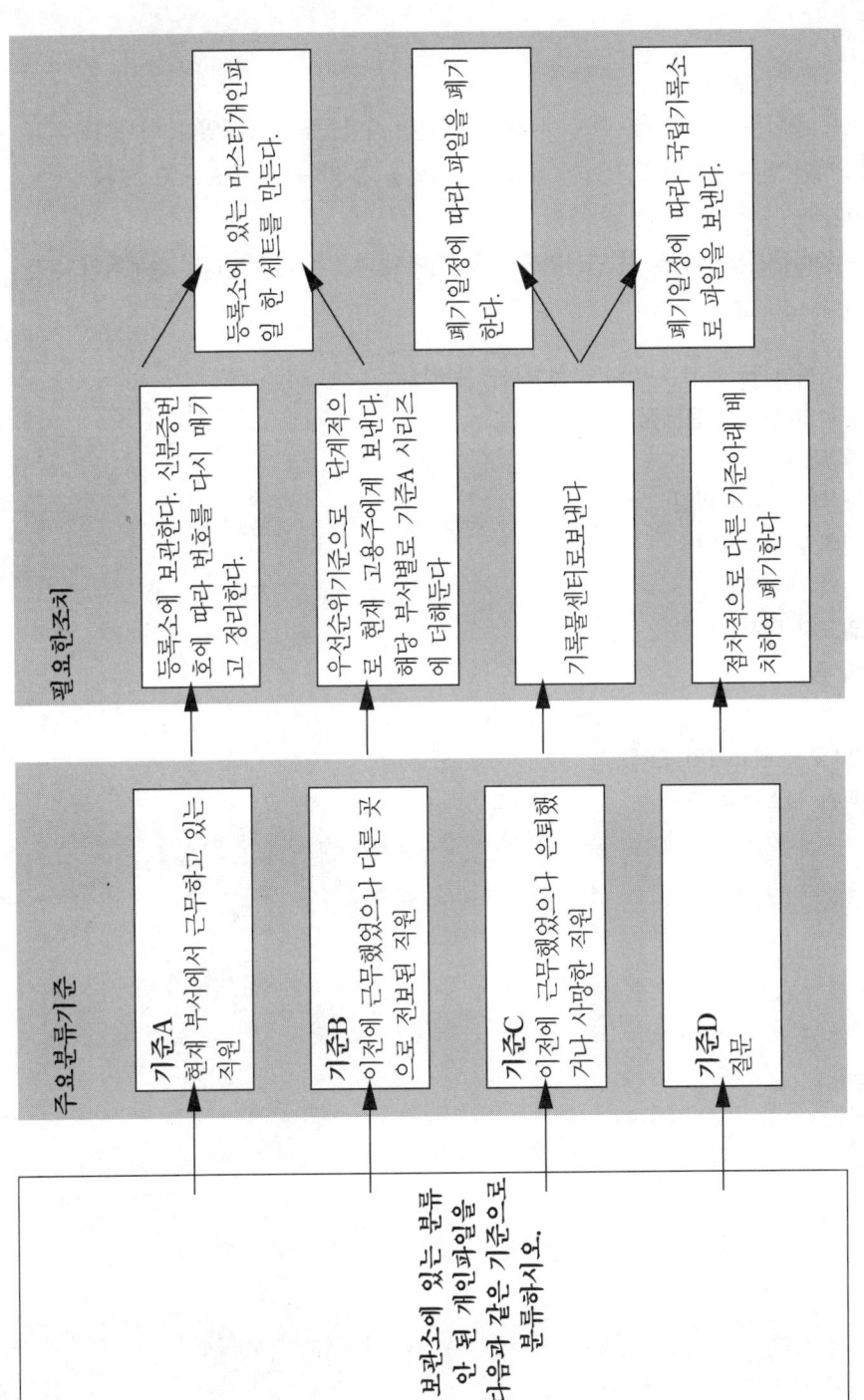

주요분류기준

필요한조치

보관소에 있는 분류 안 된 개인파일을 다음과 같은 기준으로 분류하시오.

기준A
현재 부서에서 근무하고 있는 직원

기준B
이전에 근무했으나 다른 곳으로 전보된 직원

기준C
이전에 근무했으나 은퇴했거나 사망한 직원

기준D
질문

등록소에 보관한다. 신분증번호에 따라 번호를 다시 매기고 정리한다.

우선순위기준으로 단계적으로 현재 고용주에게 보낸다. 해당 부서별로 기준A 시리즈에 더해둔다

기록물센터로보낸다

점차적으로 다른 기준아래 배치하여 폐기한다

등록소에 있는 마스터케이스에 일 한 세트를 만든다.

폐기일정에 따라 파일을 폐기한다.

폐기일정에 따라 국립기록소로 파일을 보낸다.

도표 10: 혼잡완화과정

제4과 수작업양식에서 인사기록물관리
113

요약

4과에서는 종이문서를 기초로 한 인사관리에 관련된 사안들을 소개하였다. 인사기록물의 규모, 지리적인 범위와 보안요건은 이 시스템 디자인을 결정하는데 중요한 요소라는 것을 강조하였다.

이 과는 종이문서를 기초로 한 인사기록물시스템에서 다음과 같은 관리의 실무적인 측면을 다루었다.

- 인사기록물관리에서 나타나는 전형적인 문제점
- 일반적인 편철의 문제점
- 집중 대 분산
- 공개 대 비공개 파일
- 개인파일 번호부여
- 파일의 내부배열
- 파일표지 디자인하기
- 파일 종결
- 보존기간 설정
- 색인 및 이름표기의 관례
- 붕괴된 시스템의 복구

학습문제

1. 인사기록물을 관리할 때 마주칠 수 있는 전형적인 문제점을 적어도 5가지 들어보라.
2. 인사기록물을 관리할 때 마주치는 두 가지 일반적인 편철의 문제점을 설명하라.
3. 집중화된 인사기록물관리와 분산화된 인사기록물관리를 설명하라.
4. 집중화된 인사기록물관리를 할 것인지 또는 분산화된 인사기록물관리를 할 것인지 결정할 때 고려해야 하는 적어도 다섯 가지 요소를 설명하라.
5. 인사기록물에 대해 어떤 보안수준들이 있을 수 있는가? 왜 인사기록물에 보안이 중요한가?
6. 인사기록물을 위한 독자적인 번호체계의 설정 개념을 설명하라.
7. 번호체계를 설정할 것인가를 결정할 때 고려해야 할 것은 무엇인가?
8. 인사파일의 정보는 어떻게 배열해야 하는가?
9. 인사파일의 표지는 어떻게 디자인해야 하는가? 왜 일정한 방식으로 표지를 디자인하는 것이 중요한가?
10. 왜 판독하기 쉽고 완결성이 있으며 인증된 양식을 만드는 것이 중요한가?
11. 인사파일을 종결하기 위해 취할 단계는 무엇인가?
12. 인사파일 보존기한을 결정할 때 고려할 것은 무엇인가?
13. 어떤 형식의 인사기록물이 영구보존의 가치가 있는가?
14. 왜 기록보존소의 인사기록물은 보통 적정하게 정해진 기간이 지난 후에야 비로소 공적 부분의 구성원들에게 이용이 가능한가?
15. 직원색인의 목적은 무엇인가?
16. 개인명을 확인하고 기록하기 위해 특별한 과정을 결정하는 것의 중요성을 설명하라.
17. 개인에 대해 어떤 이름을 이용할 지를 결정할 때 어떤 어려움이 발생할 수 있는가?

연습: 조언

연습 10-16

연습문제에 대한 학습자의 답과 이 과에서 제공된 정보를 비교하라. 학습자의 조직 내 상황과 학습하고 있는 정보를 비교하고 유사점과 차이점을 생각해 보라.

문서/전자적인 공존 환경에서 인사기록물의 관리

　인사기록물과 정보는 수작업으로 관리될 수 있지만 점점 전산화되는 추세이다. 어떤 기술이 이용되던지 간에 시스템이 제4과에서 언급한 바 있는 좋은 기록 시스템의 요구조건들을 갖추고 있어야 한다. 따라서 만약 한 조직이 기존의 문서에 기초한 기록관리를 제대로 해낼 수 없을 시에는 수작업이 완전 통제하에 들어올 때까지 전자 환경으로 옮겨가서는 안된다.

　5과에서는 문서/전자적 환경이 공존하는 속에서의 인사기록물 관리시스템과 관련된 문제를 다루어 보겠다. 이 과는 이 공존환경의 주요 특징을 기술하고, 전산화의 장점과 단점, 그리고 인사관리를 위한 컴퓨터 특정 용도를 살펴보겠다. 또한 성공적인 전산화를 위한 선행조건을 설명하고, 효과적인 기록 관리 체계를 개발하는데 있어서 기록관리 전문가들의 역할과 책임요소를 검토해 본다. 그리고 이 공존시스템의 효율성을 유지하는데 꼭 필요한 요소를 살펴본다.

1. 전산화와 기록관리

　전산화는 어쩔 수 없이 기록관리를 보다 더 복잡하게 만든다. 많은 자동화된 기록시스템이 서로 다른 기록 매체에 저장된 다양한 형태의 형식속에 정보를 담고 있다. 이 때문에 정보에 전자적으로 접근하려 할 때 현재 이미 나타나고 있는 것처럼 문제를 야기할 수 있다. 결과적으로 한 조직이 전자체계로 넘어가기 전에 반드시 알아두어야 할 몇가지 중요한 문제들이 있다.

> *이 과는 전산화에 수반되는 문제를 전반적으로 살펴본다.*
> *더 자세한 설명을 원한다면 『전자기록물관리 (Managing Electronic Records)』를 참고하라.*

- 인사기록물은 그 기록을 만들어낸 시스템의 수명보다도 더 오랜 기간동안 필요할 수 있다. 따라서 만약 완전히 발달된 전자기록관리 수용능력을 갖고 있지 못하다면, 전자정보에만 의존하는 것은 위험하다.
- 인사정보를 전자적으로 관리하는 것은 기술적인 문제만이 아니라 정책적인 문제, 사업적인 문제, 또한 훈련이 수반되어야 하는 문제이다.
- 기술이 아니라, 신뢰할 만한 정보가 책임성(accountability)에 필수적이다.
- 모든 이해당사자들의 협조는 통합시스템이 성공적으로 설치되는데 필수적이다.

전산화된 인사정보시스템은 인사정보를 입력, 저장, 최신화시켜서, 정보가 필요할 때 빨리 찾아 볼 수 있고, 처리하며, 분석할 수 있도록 해준다. 전산화된 시스템은 수작업하에서 인사기록물 카드에 쓰여진 광범위한 정보를 저장하고 있다. 따라서 이 시스템은 한 개인에 대해 경력상 최신의 주요특징을 요약해서 제공해준다. 이 요약은 이력관리와 기획 면에서 여러 가지 다른 방법으로 사용될 있다. 예를 들면 다음과 같다.

- 채용계획(부족한 기술을 확인하거나, 특별한 기술을 가진 사람을 식별하는 것 등)
- 후임자 계획
- 조직발전을 기획하거나 관리 (미래 조직필요에 따라 기획인력배치 등)
- 적절한 훈련 프로그램 개발
- 장기 부재 관리
- 평등한 기회 제공 감시
- 경향분석과 예상안 개발 (미래 노동수요 예측 등)
- 업무수행과 평가제도 운영

[연습 17]

학습자의 조직은 인사관리부분을 자동화하고 있는가? 만약 그렇다면, 정확히 어떤 과정이 자동화 되었는지 기술해보라. 누가 관리하고 어떻게 이용되는가? 학습자의 조직 내 컴퓨터 시스템을 보다 효과적으로 이용함으로써 더욱 향상될 수 있다고 생각하는 인사관련 활동을 서너 개 정도 생각해 보라. 만약 학습자의 조직 내 자동화된 인사관리 제도가 없다면, 그런 자동화 시스템이 설치될 수도 있다고 생각하는지 그리고 이 때문에 야기될 장점과 단점을 간단히 기술해보라.

2. 전산화의 장점

> 많은 기관들이 전반적으로 전산화를 도입하고자 하며, 특히
> 인사관리 부분에 이를 원할 것이다.

전산화의 장점은 많다. 고위 관리자들은 다음에 기술한 장점들이 자동화의 이유로 타당하다고 생각할 것이다.

- 전산화 시스템은 직원들의 시간을 보다 효율적으로 사용한다.
- 종이로 된 인사기록물은 양이 많고 보존비용이 들지만, 전자적 보존은 간편하다.
- 허가받은 사용자들에게 공급되는 정보의 속도와 효율이 더욱 증대될 수 있다.
- 전자형태의 정보는 수작업 시스템에서 보다 훨씬 쉽게 배열되고, 합쳐지고, 비교되며, 분석될 수 있다.
- 인사 정보는 다른 장소에 보관되거나 다른 장소에서 공유될 될 수 있다. 물리적으로 성질이 다른 정보는 통신수단을 이용하여 중앙으로 다시 모아질 수 있다.
- 정보는 한번 입력되면 여러 번 사용될 수 있다. 같은 정보를 요구되는 대로 알파벳순서로, 번호순으로, 또는 지리적 순서로든 여러 가지 형태로 사용자에게 제공할 수 있다.
- 전산화된 인사 정보 시스템은 급여나, 연금등 다른 시스템에도 연결이 되어 다른 방식에서 보다도 훨씬 완벽한 세트의 정보를 제공한다. 이는 노력의 중복을 줄이고 보다 높은 정확도를 보장한다.
- 전산화 시스템은 부정행위를 감지할 수 있어서 사기의 가능성을 줄인다.

3. 자동화의 물류적, 자원적 함축의미

자동화의 명백한 장점에도 불구하고, 이용가능한 자원과 관련하여 잠재적 시스템의 규모에 대한 중요한 결정을 해야 한다. 관리자들은 조직의 정보요구 조건을 평가할 필요가 있을 것이다.

고려해야할 문제들은 다음과 같다.

- 신속한 검색에 대한 요구
- 처리될 정보의 양

- 수정 또는 업데이트(update)
- 기존 기록관리 정책과 시스템, 처리절차의 적절성

조직이 새로운 정보시스템에 쓸 수 있는 자원을 현실적으로 평가한 후 이런 문제들에 대한 답이 결정되어야 한다. 자원은 하드웨어나 소프트웨어를 구매하고 유지할 자금만을 의미하는 것이 아니라 이 시스템을 세우고, 지원하고, 유지할 수 있는 자격 있는 인력까지 의미하는 것이다.

> 조직은 새로운 정보시스템에 사용할 수 있는 자원을 결정하는
> 문제에 현실적으로 접근해야한다.

더욱이, 기존의 문서에 기초한 시스템과 잠재적 전자 시스템과의 관계를 평가하는 것이 중요하다. 전산화가 기존의 문서시스템을 필요 없는 것으로 만들 것이라는 가정은 그릇된 것이다. 대부분의 나라에서 상당한 기간동안 문서/전자적 환경의 공존시스템이 다음 몇 가지 이유 때문에 계속 사용될 것이다.

- 모든 인사정보를 전산화된 시스템에 옮기기에는 너무 비용이 많이 든다.
- 전력 공급이 불안정하다. 반면, 문서 시스템은 계속 기능하기 위해 기술에 의존하지 않는다.
- 원본은 법적인 이유들로 인해 문서의 형태로 필요할 수도 있다. 예를 들면, 많은 나라에서 증거법은 전자정보의 법적 타당성을 인정하지 않는다. 비록 그 전자 정보의 보안성이 보장된다 할지라도 원본에는 인증서명이 들어 있기 때문이다.
- 부정이나 사기의 가능성이 생길 수 있다. 사기 행각은 감지하기 어려울 수 있다. 시스템이 어떻게 운영되는지 완벽하게 이해할 수 있는 기술적인 능력을 가진 사람은 드물기 때문이다.
- 특히 시골 지역에서는 소프트웨어나 하드웨어를 지원할 수 있는 지역 공급자와 숙련된 직원을 찾는데 있어서 곤란을 겪을 수 있다.
- 컴퓨터의 교체와 업그레이드, 또는 기능 향상 등 컴퓨터의 유지에 필요한 자금을 대는 것이 어려울 수 있다.
- 물리적 환경이 전자 정보의 안전한 저장을 지원하기에 적합하지 않을 수 있다. 예를 들면, 컴퓨터와 컴퓨터로 생산된 정보는 온도, 습도가 조절되는 환경을 필요로 하며 예비 저장 시설이 필수적이다.
- 전자정보를 시간이 지나도 믿을 수 있고, 언제나 사용가능하도록 하는데는 상당한 어려움이 있다(이 마지막 항목은 다음에서 좀더 자세히 기술하겠다).

4. 자동화의 기록 관리적 함축의미

전자적으로 생산된 인사 정보를 보호하고 이용가능한 것으로 만드는 것은 아주 어렵다. 『전자기록물관리 (Managing Electronic Records)』에서 이 문제를 자세히 다루고 있다. 요약하자면, 다음의 중요 요인들이 과기간 전자정보관리에 영향을 미칠 수 있다.

- 전자저장 수단은 약하고 시간이 지나면서 바뀐다.
- 미래의 검색된 시점에서 기록을 이해하기 하기 위해서 기록에 대한 정확하고 충분한 상황적 구조적 정보를 가지고 있는 것이 필수적이다.
- 기술의 변화는 10년 전 컴퓨터상으로 만들어진 자료가 오늘날에는 접근할 수 없다는 것을 의미할 수도 있다. 전자 기록은 계속해서 접근할 수 있도록 새로운 컴퓨터 시스템으로 정기적으로 옮겨주어야 한다.
- 종종 전자기록의 통합성을 관리하는 책임이 누구에게도 주어지지 않는데, 이는 기록관리가 적절히 되도록 보장하기 매우 어렵게 만드는 원인이다.

전형적으로, 자동화에 관련한 문제는 세 가지 부분에서 발생한다. 우선 전자 기록의 관리이다. 기록은 그 기록이 만들어진 컴퓨터환경에 기초하고 있어서 만약 그 컴퓨터들을 이용할 수 없게되면 컴퓨터상의 정보도 접근할 수 없게 될 수 있다. 두 번째, 정보로의 접근 통제이다. 많은 사람들이 컴퓨터안의 정보로 접근권을 얻을 수 있다. 따라서 오직 허가된 직원만이 전자 정보를 조작할 수 있도록 보장해 놓는 것이 중요하다. 그렇지 않으면 정보가 승인도 없이, 또는 부적절 하게 바뀔 수 있다. 세 번째, 기록의 개정판을 통제하는 것이다. 컴퓨터 기록은 쉽게 바꿀 수 있고, 바뀐 부분들이 분명하게 드러나지 않을 수 있기 때문에 공식기록은 세월이 흘러도 바뀌지 않도록 확실히 해야 한다.

전자 기록 관리를 위한 어떤 시도로 하지 않는 조직은 아래와 같은 수많은 위험에 노출되어있다.

- 기록, 문서, 정보의 통제되지 않은 축적
- 기록, 문서, 정보의 무의식적인 파괴
- 기록, 문서의 허가되지 않는 조작
- 시스템들에 대한 도큐멘테이션, 관련된 구조적, 상황적 정보 ('metadata'라 불림)의 부재

메타데이타(Metadata): 어떤 기록에 대한 정보로 그 기록을 생산, 조작, 이용, 저장할 때 이용한 기술적 행정적 과정을 설명해 놓은 것이다.

부적절한 전자정보관리의 결과는 아래와 같을 수 있다.

- 대량의, 비체계적인, 때로는 불법적일 수 있는 기록 파괴 위험 증가
- 중요한 사업기록과 보존가치가 있는 기록물의 손실
- 보안침범의 위험증가
- 허가받지 않은 기록의 변경이나 삭제 (증거인멸)
- 대중적 곤혹
- 업무 중 쓸데없는 지연이나 장애
- 대외신인도 부족
- 시스템마비, 혹은 최소한 정보 접근상의 어려움

5. 전자기록 관리자들의 역할과 책임

비록 전자적 환경에서 기록관리를 위한 기본 원칙이 문서환경에서의 원칙과 비교적 같다고 해도, 이들을 관리하는데 필요한 기술은 다를 수 있다. 캐나다인 기록관리학의 저술가이며 교육자인 Terry Cook은 다음과 같이 지적하고 있다.

우선 [기록 관리자와 아키비스트는] 물리적인 사물이나 가공품을 만들고, 관리하고, 보관하려는 것이 아니라, 그보다는 차라리 전자정보에 그것의 구조, 내용, 문맥을 부여함으로써 행위나 거래의 증거 또는 '기록'으로서의 의미를 부여하는 논리적, 사실적 패턴을 이해하고 보존하려 노력하는 것이다.[4]

일반적으로, 전산화된 인사정보시스템을 도입하는 결정은 정보 기술자들의 기술적 조언을 받아 고급관리자들에 의해 내려지게 될 것이다. 전산화된 인사정보시스템의 개발과 도입은 인사관리자, 정보기술진, 기록관리자등을 포함한 모든 중요 당사자들간의 협조를 요한다.

> 전자적 환경 또는 전자와 문서가 공존한 환경에서 기록관리는 정보 전문가들 간에 새로운 동반자 관계를 요구한다.

---

4) Terry Cook, "Electronic Records, Paper Minds: The Revolution in Information Management and Archives in the Post-Custodial and Post-Modernist Era," *Archives and Manuscripts* 22 (November 1994): 302

인사 관리자들은 이용자로서, 자신의 요구사항을 결정할 필요가 있다. 정보시스템 프로그래머들은 주로 현재 시스템을 개발하고 도입하는 일과 차세대 시스템을 위해 준비하는 일에 관여할 것이다. 기록 전문가들은 이 프로젝트를 보다 장기적인 안목으로 볼 수 있도록 하며 기록관리의 원칙들이 잘 지켜질 수 있도록 해주는 역할을 맡아야 한다.

전자적 시스템의 기준

기록 관리자들의 조언 없이 개발된 계획은 종종 그 목적을 달성하지 못한다. 이는 기록자체에 충분한 관심을 두지 않았기 때문이다. 기록관리자는 전자기록이 확실히 보호되도록 다음에 기술한 원칙들이 잘 지켜지도록 해야한다.

- 기존 인사관리시스템에서의 정보는 새로 통합시스템으로 옮겨가기에 충분할 만큼 잘 조직되어 있고, 정확하며, 쉽게 접근할 수 있어야하고 믿을 만해야한다. 예를 들어, 이름을 부르는 관례는 표준화되어야 하고 직무 범주들은 공통된 기준이 있어야 한다.
- 전자 정보의 통합성이 유지되어야한다. 다시 말하자면, 기록은 완벽하고, 정확하며, 확인 가능해야한다.
- 적절한 보안 절차와 시스템(접근제한/허가등)이 부과되어야한다. 이는 (1) 오직 승인받은 정보만 시스템에 입력되어야 하고, 시스템에서 만들어질 수 있도록 (2) 오직 허가받은 개인만 기록에 접근하거나 수정할 수 있도록 보장하기 위해서이다. 필요하다면 기록이 복원될 수 있도록 반드시 적절한 대비책과 보관시설이 있어야 한다.
- 집중식이나 분산식 기록 관리 시스템이 가질 수 있는 의미는 주된 사용자의 필요에 따라 고려되어야 한다.
- 행정적, 법적 또는 역사적 목적으로 필요할 때 기록은 검색할 수 있어야 하고, 기록 스케줄에 따라 적절한 권한과 함께 허가를 받은 후에만 폐기시킬 수 있어야 한다.
- 시스템의 운영을 지원하기 위한 적절한 관리 체제가 있을 필요가 있다. 이 안에는 유사한 문서시스템이 없다면 전자정보를 법적으로 인정하도록 지원하는 입법도 포함된다.
- 시스템의 지속적 관리를 지원하기 위한 적절한 행정적 규정이 필요하다. 이 안에는 재정적 지원, 적절한 물리적 환경, 충분한 인력등이 포함된다. 예를 들면, 안정된 전원을 공급해야 하고, 예비 저장절차와 시설을 확보해야 하며, 전자기록과 문서기록은 적절한 환경적, 물리적으로 안전히 확보된 상태에서 저장되어야 한다.
- 기록의 사용자들이나 관리자들을 위한 효과적인 훈련 프로그램이 있어야 한다.

이러한 기준과 필수요건들이 지켜지도록 보장하는 역할에 덧붙여, 기록 전문가들은 또한 아래와 같이 함으로써 인사기록물시스템의 발전을 도울 수 있다.

- 지속적인 유용성과 영속적인 가치가 있는 기록물을 식별한다.
- 이해당사자들과 함께, 행정적 또는 기록보존적 요건을 충족하기 위해 가치있는 자료들을 얼마동안 관리하고 접근 가능하도록 할지를 결정한다.
- 기록물이 시간이 지나도 확인되고 접근이 가능하도록 해야 한다면 지속가치를 가진 전자 기록으로 입력되고 유지될 필요가 있는 구조적 상황적 정보(metadata)를 확인한다.
- 기록보존 관련법에서 명문화하고 있듯이, 전자 정보가 시간이 지나도 보존될 수 있고, 공공의 접근이 가능할 수 있도록 시스템 개발자들과 협력한다.

도표 11은 인사정보시스템의 전산화 도입과 관련된 단계와 각 단계별로 참여자들이 맡아야 할 역할을 요약한 것이다.

자동화된 인사관리시스템을 개발하고 실행하는 단계	인사관리자와 그 밖의 이용자	정보기술관리자	기록관리자
필수적인 정보요건분석 (예를 들어, 업무의 일례를 들어볼 것)	✓	✓	✓
시스템의 필수요건정의 (처리모델링, 논리모델링, 개념데이타모델링)	✓	✓	✓
혜택분석(이해당사자의 의견분석도 포함)	✓	✓	✓
시스템디자인(논리적 디자인: 양식, 보고서, 인터페이스, 데이타모델링: 물리적 디자인: 파일과 데이터베이스디자인, 배포시스템)		✓	✓
하드웨어와 소프트웨어 필수요건 정하기	✓	✓	✓
디자인 세부사항 구체화		✓	
설비와 상업적 소프트웨어 조달 (또는 내부자체 소프트웨어개발)		✓	
시스템구축 (암호화, 시스템설치와 테스트, 사용자 교육, 시스템 문서 작성)		✓	
시스템관리 (보조 및 저장 대책 포함)	✓	✓	✓

도표 11: 전산화된 인사정보시스템의 단계

　　만약 학습자의 조직에 전산화된 인사관리시스템이 없다면, 요약된 단계를 살펴보고 학습자의 조직내 누가 각 단계에 관련되어야 하지는 써 보라. (반드시 특정 개인일 필요는 없고, 직위를 구분해 보도록 하라) 시스템이 적절히 설치되도록 할 때 학습자가 생각할 수 있는 우려를 밝혀보시오. 필요한 모든 과정이 고려되었는지 분명히 하기 위해 어떤 조치를 취할 수 있는가?

6. 공존시스템 유지하기

　　문서/전자적 인사 기록이 공존하는 시스템은 서로 잘 협력해야 한다. 문서인사기록물을 소홀히 다루어왔다면, 질서를 바로 잡아야 한다. 다음 부분에서는 공존 시스템을 실행하고 운영할 때 접하게 되는 문제중 일부를 서술하겠다. 또한 이런 문제를 다룰 때의 전략을 소개할 것이다.

정보 출처로서 인사기록물

　　전산화할 때 정보는 단일한 형태로 입력되어야 하고, 도표 13에서 설명하고 있듯이 표준화된 입력형식이 사용되어야 한다. 문서로 된 개인 파일들은 직원들이 공공기관에서 일을 시작한 순간부터 이들에 대한 법적으로 확인 가능한 정보를 담고 있다. 따라서 이런 파일들은 이 시스템의 주요 정보원으로서의 역할을 맡아야 한다. 모순적이지만, 이 서류들의 중요성에도 불구하고 이런 기록은 종종 자동화 시스템을 디자인하고 운영하는 일을 담당하는 사람들에게 정보원으로서 인정받지 못한다. 자동화 담당자들은 그들이 원하는 정보를 빼낼 수 없기 때문에, 총 인원수나 설문조사 같은 다른 정보원에 의존한다. 집중 방식의 인사기록물을 거부하는데는 다른 몇 가지 이유가 있다.

- 개개의 공무원에 관련된 수많은 개인 파일이 있을 수 있지만 하나의 포괄적이고 권위 있는 정보원은 없을 수도 있다. 게다가 이 정보를 평가할 수 있는 효과적인 수단은 없을 수도 있다.
- 문서기록을 파일하기 위한 절차가 때때로 부적절해서 필요한 정보가 아예 없을 수도 있다.
- 기초자료 입력 프로젝트 일정과 예산이 너무 빠듯하여 문서 기록을 재구성해서 사용할 수 있기까지 시간이 허용되지 않는 수도 있다,
- 파일이 보관되어 있기는 하지만, 먼 지역에서 근무하는 개인들의 파일을 접근하는데 어려움이 있을 수 있다. .
- 비정규직 직원들의 자료는 구하기 어려운 경향이 있다.
- 다른 정보원, 예를 들면 직원명부, 기초자료, 설문조사 등은 중앙인사기록물보다 정확하지 않을 수가 있음에도 불구하고 데이터를 입력할 때 우선은 더 적당해 보이고, 편리해 보인다.

이런 다른 정보원들은, 아래서 설명하듯이, 효율적인 전자 인사기록물시스템을 위해 충분히 믿을 만한 기초를 제공하지 못한다. 문서 기록을 실제의 데이터 자원으로 이용하지 못하는 시스템을 만드는 것은 큰 실수가 될 수 있다. 분명히 그런 데이터는 개인의 권리를 보장하기 위해 사용될 수 없다. 결과적으로 소위 '자원데이타의 덫(source data trap)'이라는 용어가 생겨났다. 믿을 수 없는 정보 때문에 새로운 전자 데이타베이스는 원래 이루려던 인사관리 기능으로 사용될 수 없다. 문서 기록은 더 이상 관리되지 않으며 그것은 오래되어서 사용할 수 없게 되는 것을 의미한다. 회사나 정부에 엄청난 비용을 부담시키고 인사 정보 관리절차는 무너지게 된다.

잘 관리되는 문서시스템과 전자시스템 사이에 연결 고리를 만들어 둠으로써 이 '자원데이타의 덫'을 빠져나가는 방법을 찾는 것이 전산화된 인사정보 관리 체제의 유용성을 향상시키고 개선된 인력관리와 지속적인 경제개발이라는 거시 정책 목표를 유지하는 열쇠가 될 것이다.

자원데이타의 덫

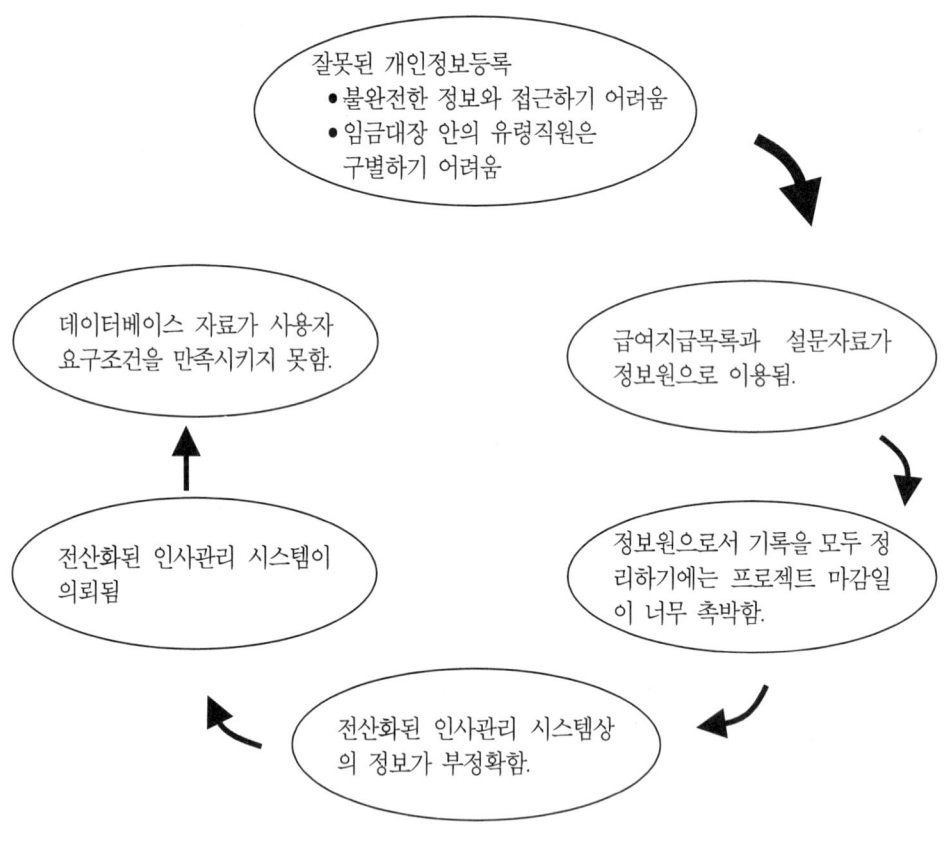

도표 12: 자원데이타의 덫

다른 정보원의 이용

문서에 기초한 자료가 법적으로 증명 가능한 주 정보원이긴 하지만, 다른 자료들도 전산화된 인사정보시스템을 구축하는데 사용될 수 있다. 이 시스템에 사용되는 정보는 인원 기록을 비롯하여 등록소에 보관된 신상자료, 직원명단 그리고 다른 데이터베이스와 설문조사 등에서 가져오는 것이 보통이다.

직원명단

팀장들은 종종 고용하는 직원의 명단을 만들어 둘 의무가 있다. 우선은 이름, 나이, 직위 등이 나온 이 자료가 기초인사자료에 필요한 기본 정보 출처로서 유용하게 보일지 모른다. 그러나 명단을 만들어 보유하는 일은 종종 우선순위가 낮은 일로 취급받는다. 따라서 기록 이 최신의 것이 아닐 경우도 있다. 만약 정보에 차이가 있다면, 이를 수정하기 위해 여전히 신상파일을 확인해보아야 한다. 직원명부는 그 자체만으로는 새로운 인사 시스템이 바탕을 둘 만큼 충분히 정확한 정보 출처가 되지 못한다.

데이터베이스

인사정보시스템을 위한 자원데이타로 다른 데이터베이스를 이용하는 장점은 정보가 키 보드로 다시 입력하지 않아도 자동으로 이동 될 수 있다는 것이다. 가장 관련이 있는 정보는 보통 급여대장 데이터베이스이다. 그러나 이런 데이터베이스로부터 정보를 이용하는데는 몇 가지 문제화 한계가 있다. 우선, 데이터베이스가 정확하지 않을 수 있다. 둘째로, 정보원 이 되는 자료가 새로운 데이터베이스에 적합한 방법으로 구성되어 있지 않아서 다시 입력하 는 것이 비용이 덜 들 수 있다. 그러나 재입력 작업시 오타나 오류가 날 수 있다. 셋째, 새 인사데이터베이스가 이전 시스템을 업그레이드 시킨 것이 아니라면, 정보원이 되는 데이터 베이스 중에 어떤 것은 급여대장을 운영하기 위한 것과 같이 완전히 다른 목적을 위해 디자 인 될 것이다. 따라서 새로운 인사 데이터베이스에는 다른 데이터베이스로부터 채워질 수 없는 부분이 있을 것이며, 추가적으로 정보를 입력하는 것이 필요할 것이다.

설문조사

인사정보를 구하기 위한 설문조사는 몇 가지 장점이 있다. 정보가 최신의 것이며, 설문조 사팀이 어떤 정보를 수집해야할 지를 결정할 수 있고, 자료입력시 쉽도록 설문지 양식을 디자인 할 수도 있다. 그러나 단점도 있다. 종종 설문조사는 설문지를 작성하는 개인의 진실 성에 지나치게 의존한다. 작성된 설문지는 반드시 공무원에 임명된 날짜, 생일 등이 정확히 기입되었는지 이용 가능한 신상파일과 대조해 보아야 한다. 더구나, 설문조사가 인구조사처 럼 실시되지 않는다면- 다시 말해서, 정보가 전국에 걸쳐 같은날 모아지지 않는다면(이를 위해 많은 수의 잘 훈련되고, 조직된 팀이 필요하다) 정보에 차이가 날 가능성이 매우 높다. 이런 차이는 자료를 서로 다른 장소에서 다른 방식으로 모았기 때문일 수도 있고, 만약 자료 수집일이 오랜 시간 동안에 걸쳐 진행되었다면, 자료 수집원들이 여기 저기 이동하면서 한 세트이상의 통계수치에 쓰였기 때문일 수 있다. 또한, 자료는 빠르게 묵은 자료가 된다. 새인사 데이타베이스가 완전히 기능을 다하지' 못하거나 정보가 빠르게 입력될 수 없다면, 그리고 이후 이 데이터베이스를 최신화시킬 효과적인 절차가 마련되어있지 않다면, 이 자료는 곧 가치가 거의 없는 것이 되고 만다.

> 문서와 전자기록 시스템이 공존하는 환경은 잘 운영될 수 있도록 함께 힘을 써야한다.

[연습 19]

학습자의 조직에는 직원명부가 있는가? 또 다른 데이터베이스도 있는가? 직원들을 구별하고 목록을 작성하기 위해 설문조사를 한 적이 있는가? 각각의 자료 출처에 대해 간단한 설명을 써 보라. 어떤 정보를 담고 있는가? 어떻게 만들어졌는가? 어떻게 관리되고 있는가? 만약 학습자가 자동화된 인사관리시스템을 설치하기 위해 그것을 이용한다면, 이 자원데이타가 믿을 만 하다고 생각하는가? 만약 학습자의 조직 내 이 자원데이타들이 없다면, 직원들에 대한 정보가 어떻게 관리되고 있는지 설명하라.

자료 입력과 출력

데이터베이스를 업데이트하기 위해 직원이 투입되는 것은 필수적이다. 이 임무는 전체 업무계획에 반영되어야 한다. 불행히도, 많은 지역에서 인사기록물 데이터베이스를 개발하는데는 많은 열정을 쏟지만, 누가 그것을 관리하는가에 대해서는 관심이 별로 없다. 정보 입력하는 일을 할 시간도 따로 주지 않고 기존 직원들의 업무로 떠넘길 수는 없다. 시스템을 관리하기 위한 현실적인 지원 방안을 미리 짜두는 것이 중요하다. 정보기술 사업의 경우, 관리라 함은 설비의 관리 뿐만 아니라 자료의 관리까지 의미한다.

자료가 최신의 것으로 유지될 수 있도록 분명한 절차가 마련되어야 한다. 어떤 국가들은 변화를 신속히 정확히 공지하는 것에 보상을 해주고, 못할 경우에는 불이익을 주는 방법도 고안해냈다. 예를 들어, 한 직원의 급여를 인상하라는 지시를, 관련된 직원에 대해 수정된 파일을 첨부해서 제출하지 않으면 거부할 수 있다. 그러면 그 당사자는 급여인상이 신속히 처리될 수 있도록 컴퓨터상의 인사정보를 서둘러 업데이트 할 것이다.

시스템 디자이너들은 여러 분야별로 데이터베이스를 세분화시키고, 각각의 분야가 현실적으로 운영될 수 있도록 절차와 동기부여를 할 것인지 검토해 볼 필요가 있다. 자료관리는 어떤 자동화 계획에서든지 반드시 요구되는 점이다. 세분화된 양식이 자료 입력 과정을 통제하기 위해 개발되어야 한다. 도표 13에 양식의 전면과 후면의 예를 제시해 두었다.

잘못된 정보가 입력되는 것을 막기 위해서 철저한 관리절차가 필요하다. 이 절차는 각각의 자료 수정 요구양식을 적절한 문서들로 지원하는 것 등을 포함할 수 있다. 자료 입력팀은 개인정보변화를 추적하여 문서사항을 기록해둘 필요가 있다. 이렇게 해서 만들어진 많은 양의 문서는 관리하지 않으면 쉽게 흐트러져 찾기 어렵게 될 것이다.

컴퓨터는 또한 인쇄물을 많이 만들어낸다. 이 문서 중 많은 부분이 일시적이며, 보관할 필요가 없는 것이지만, 일부는 감사조사시 쓰일 수 있도록 각각 다른 기간동안 보관되어야 한다. 종종 출력물은 기록관리의 대상에서 제외되는데, 이는 공간의 낭비이기도 하고, 감사자료 추적을 약화시키는 것이다. 좋은 기록 관리 절차를 제도화함으로써 문서의 양산을 통제하는 것은 중요하다.

이름		성별	번호
생년월일	최초임명일과 등급		
확정일자			
국적	인종		
자택주소		자택전화	
친족	관계		
결혼여부			
교육자격			
전문자격			

전직

기관명	지위	일자

현직

기관명	지위	일자

도표 13: 데이터입력양식의 예, 앞면

급여		수행	잠재적 기록
일자	급역	수행	잠재성

훈련기록	
일자	**과정**

도표 13: 데이터입력양식의 예, 뒷면

자료교환의 통제

종종 사용자들은 데이터베이스간의 자료 교환이 가지고 있는 잠재적 이점에 대해 별로 알고 있지 못하다. 또 데이터베이스를 의뢰하거나, 디자인 할 때도 자료교환의 필요성을 염두에 두고 있지 않는다. 데이터베이스간의 자료교환이 가능하다면, 자료를 모으는데 들인 투자의 이익을 엄청나게 늘일 수 있다. 예를 들어, 자료교환은 인사기능을 각 지방 부처로 나누어 줄 수 있게 하고, 중앙정부는 전국적인 정책 목적에 필요한 정보에 접근권을 갖게 되며, 정부 내부적으로 지속적인 교환을 가능하게 한다. 자료 교환은 공통된 암호체계와 자료구조를 사용할 때 가능하다. 새 시스템 의뢰를 책임지고 있는 관료가 공통된 기준에 동의하지 않고 지켜주지 않는다면, 자동화된 인사시스템을 조직 전반적으로 사용하기는 어려울 것이다.

7. 인사 정보와 급여장부 연결하기

개인 기록, 전산화된 정보 시스템, 그리고 급여장부등은 모두 인사관리자의 작업에 기여한다. 이런 시스템들 상호간에 불일치하는 점이 있다면, 관리자가 어떤 정보를 믿어야할지 확신하지 못하므로 심각한 결과를 야기한다. 정확한 인사 정보가 없다면, 급여지급을 지출을 통제하고, 효과적인 인력계획과 직원관리를 할 수 없게 된다. 이 문제에 다가가는 열쇠는 정보가 이 세 시스템사이에 체계적으로 이동하도록 하는 것이다. 각각을 정보로, 각 시스템이 다른 것들을 견제할 수 있도록 해야 한다. 이런 협력체제가 어떻게 하면 잘 이루어질 수 있는지 정해진 규칙은 없다. 즉, 해당 국의 시스템과 정보 요구조건에 달려있다. 어떤 정확한 체제가 선택된다고 해도 두 가지 통제는 반드시 해야한다.

1. 이 세 시스템사이에 명확하고 정기적인 정보의 흐름이 있을 것
2. 감사조사시 사용될 시스템간의 공통된 번호

다음의 연습을 통해 두 가지 필수사항을 더 잘 이해할 수 있을 것이다.

[연습 20]

한 작은 연방국이 급여체계와 전산화된 인사정보시스템(CPIS) 사이에 협력체제를 구축하는데 어려움을 겪고 있었다. CPIS 디자이너들은 종이문서에 기초한 인사기록물을 자원데이타나 감사조사 자료로 고려해 보지 않았다. 문서자료는 불완전해서 믿을 수 없는 것으로 소홀히 되고, 설문조사와 인인원 수가 자원데이타로 제공되었다. 결과적으로 급여대장과 CPIS 자료가 맞지 않았고, 서류상 개인파일과 대조해보니 틀린 부분이 너무 많았다. 대조된 표본중 14%만이 서로 일치하는 정보를 가지고 있었다. 두 가지 문제가 -시스템간에 정보교류의 부족, 그리고 서로간의 공유 공통번호의 부족- 장애가 되었다.

기록관리자는 급여번호, 세금일련번호, 사회보장번호, 그리고 주민번호를 구별 기준으로 쓸 경우의 장점을 생각해 보았다. 그녀는 그 번호체계 중 어떤 것도 모든 공무원에게 적용되는 것이 없지만, 급여번호가 세 시스템을 연결하는 데 가장 적합하다고 결정했다. 급여번호를 이용하면 어떤 사람이 되었던지 그 사람에 대한 모든 정보를 찾을 수 있었고, 감사조사도 가능하였다. 이 급여번호를 CPIS에 결합시키기 위해 다음과 같은 과정을 밟을 것이다.

1. CPIS상 급여번호를 입력란을 만든다.
2. 급여번호를 문서자료를 찾을 때 검색번호로 이용한다. 이렇게 하기위해 각 공공기관에서, 그리고 공무원 고용부처에서 파일을 급여번호순으로 재정리한다. 각각의 경우마다 이름표를 만든다. 이 CPIS 데이터베이스상의 순서를 이용하도록 제안한다.
3. 각 부처에 급여번호가 주어지지 않는 연금을 받어않는 직원들을 위해 단순한 번호 시스템을 마련하고 이 번호에 기초해 검색표를 만든다.

그리고나서, 시스템사이의 정보흐름을 분석했다. 새 직원이 각 부처에 임명될 때나, 기존의 직원이 승진할 때, 급여 입력양식이 채용기관에서 작성되어 경리부의 급여팀으로 전달되는 것을 알게 되었다. 곧 각 경우마다, 이 급여 입력양식이 데이터베이스에 추가될 수 있도록 CPIS 관리자에게도 한 부 전달 될 것을 제안했다.

다음 페이지 계속

새 정보를 입력시킨 후 CPIS 직원은 입력한 것을 인쇄해서 원본 개인 파일을 담당하는 기록과 직원이 파일해 놓도록 보낸다. 기록과 직원들은 데이터 베이스상의 정보가 입사지원서와 임명/승진서, 그리고 파일 속에 그 밖의 관련된 다른 법적인 서류와 맞는지 대조해 보았다. 기록관리자는 만약 시스템에 원본 파일 이 없는 것으로 밝혀지면, 실제로 존재하지 않는 직원이 컴퓨터상 입력되어있는 것을 알게 된다. 새 직원의 생년월일이 입사지원서상의 날짜와 일치하지 않거나, 직원이 승진했음을 보여주는 서류가 없다면, 자료가 잘못 입력된 것이고, 조사가 행해져야 한다.

　　이런 정보를 기초로 하여, 이 시스템 내의 정보흐름을 그리거나 설명해보라. 누가 무슨 정보를 처음으로 받는가? 그 다음으로 누가 정보를 받는가? 어떻게 관리가 되는가?

요약

제5장에서는 문서/전자적 환경이 공존하는 속에서 관리 시스템에 대해 논하였다. 또 이 공존시스템의 주요 요소를 설명했다.

전산화된 인사정보시스템의 필수요건은 수작업시스템과 기본적으로 같다. 둘 다 다음과 같은 사항이 필요하다.

- 가능한 한 간단할 것
- 정확하고 믿을 만한 정보를 담을 것
- 그들이 지원하는 업무처리과정에 연관된 것일 것

전산화를 결정할 때는 상당한 고려가 필요하다. 어떤 경우에는 기존의 시스템을 고쳐 쓰는 것이 나을 수도 있다. 이 과에서는 전산화의 장단점을 검토해보고, 인사관리부분에서 전산화가 이용될 수 있는 구체적 용도를 논해보았다. 또한 성공적인 자동화된 인사관리시스템의 필수요건과 효과적인 인사기록물 시스템을 개발하는데 있어서 기록전문가들의 역할과 책임을 짚어보았다. 또, 공존환경에서 효율성을 유지시키는 중요 요인들을 살펴보았다. 시스템의 문서부분과 전자부분사이에 효과적인 연계관계를 설치하는데 대한 제안도 해보았다.

학습문제

1. 전자시스템으로 옮겨 가기 전에 고려해 볼 4가지 문제를 말해보라.
2. 인력관리와 기획을 지원하기 위해 인사정보 요약을 사용할 수 있는 방법을 5가지 이상 써라.
3. 전산화의 장점을 5가지 이상 써라.
4. 대부분의 국가에서 인사관리에 문서와 전자시스템이 공존하는 이유를 최소한 5가지 들어 설명하라.
5. 전자기록관리에 영향을 미치는 3가지 요인을 설명하라.
6. 만약 전자기록을 효율적으로 관리하지 못하면 조직이 노출될 위험을 4가지 이상 들어 설명하라.
7. 전자정보를 부적절하게 관리했을 때 생길 수 있는 결과를 설명하라.
8. 기록관리 전문가들이 전자정보시스템의 개발에 관여해야만 하는 이유는?
9. 전자정보가 손실되거나 훼손되지 못하도록 하기 위한 8가지 안전장치를 설명하라.
10. 기록 전문가들이 인사기록물 시스템을 개발할 때 도울 수 있는 4가지 방법을 써라.
11. 새로운 자동화 인사 관리 시스템을 위한 자원데이타를 찾을 때, 많은 자동화팀들이 중앙 인사기록물파일을 쓰기를 거부하는 이유는?
12. '자원데이타의 덫'의 개념을 설명하라.
13. 자동화된 인사관리시스템을 개발할 때 사용할 수 있는 다른 자원데이타들은 무엇인가? 각 자원데이타의 장점과 단점을 설명하라.
14. 정보입력과정이 정확하도록 하기위해 어떤 문제들을 고려해 보아야 하는가?
15. 컴퓨터 인쇄물은 어떻게 관리해야 공간의 낭비를 하지 않고, 감사조사를 약화시키지 않을 수 있나?
16. 인사기록물시스템, 급여시스템, 개인기록 상호간에 협력할 때 필요한 2가지 통제방안은?

연습: 조언

연습 17-19

　이런 연습을 해 봄으로써 이 과에서 제공된 정보를 학습자조직에서의 현실과 비교해 볼 수 있다. 학습자의 결론과 이 과를 비교해보고 큰 차이점이 있는지 생각해 보라. 학습자 조직의 시스템을 가능한 한 효율적으로 운영하기 위해 할 수 있는 일은 무엇인가?

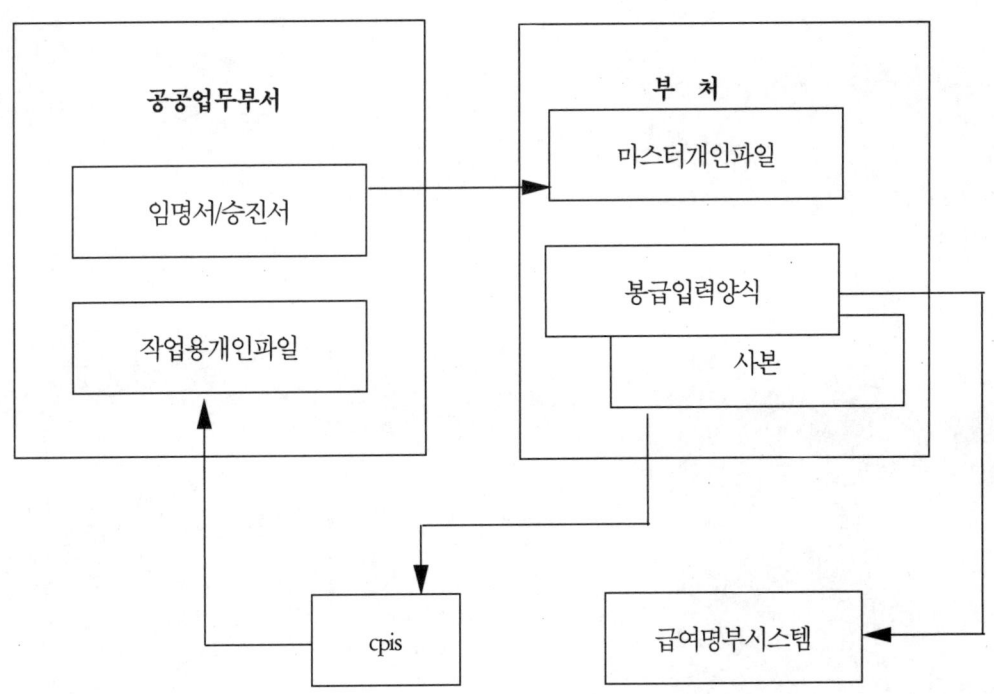

도표 14: 문서흐름요약도

　서로 다른 나라에서 다른 방법으로 같은 정도의 효율성을 얻을 수 있겠지만, 어떤 해결책이 개발된다 해도 기록 관리자의 역할은 중요할 것이다.

관리 문제

정부 내의 인사기록물시스템은 너무나 광범위하여 구조적 변화에는 상당한 비용이 필요하다는 것을 의미한다. 따라서 어떤 재조직을 하기 전에 고위 관리자들의 지지를 얻는 것이 중요하다. 인사정보는 중요한 전략적 자원이므로 정보기술 투자상 최우선권을 가진 부분이다. 고위 관리자들은 기록관리자들이 인사관리시스템을 자동화시키는 과정에서, 특히 문서와 전자 정보관리 양 분야에서 중요한 역할을 담당한다는 점을 알 필요가 있다

> 고위관리진의 지지는 효과적인 인사기록물관리에 중요하다.

기록전문가들은 고위 관리자들에게 무엇을 전달해야하는가? 고위관리자들이 알아야 하는 것은 무엇인가? 기록관리가 어떻게 조직의 인사관리 목적에 기여 할 수 있는지 설명하는 일과, 또 관련된 중요한 문제들을 분명히 언급하는 일은 바로 기록관리자들이 할 일이다. 이장에서는 중요한 경영상의 문제를 논한다.

1. 인사기록물의 소홀한 관리의 결과

기록을 효과적으로 관리하는 것은 인사관리의 기본적인 측면이다. 기록이 관리되지 않는다면 아래와 같이 한다는 것은 점점 어려워진다.

- 정확한 급여대장을 유지하기
- 확신을 가지고 기획목적으로 인사자료를 이용하기
- 인사관련 지출예산정하기
- 직원에게 지급되는 연금 및 그밖에 금전외 복지 혜택 처리하기

> 기록이 관리되지 않으면 점차로 정확한 급여대장을 유지하기
> 어렵고, 인사자료에 확신을 가질 수 없으며, 예산을 세우거나
> 연금과 그밖의 복지 혜택을 처리할 때 어려움이 있다.

2. 인사기록물을 개선시키기 위한 전략적 접근

관리자들은 종종 기존의 인사기록물시스템이 고치기에는 결함이 너무 많다고 여긴다. 반대로 어떤 관리자들은 단순히 기록과 직원의 업무능력을 향상시키고, 파일 처리과정은 약간의 개선만 시키면 해결책이 된다고 생각한다. 실제로 직원들의 자질, 동기부여, 사기 등에 문제가 있기는 하지만 인사기록물시스템이 실패하는 데는 중요한 전략적 체제적 이유가 있다.

- 시스템이 훨씬 규모가 작은 규모의 행정기관을 위해 디자인되어서 확장된 규모의 업무량을 다 감당하기 어려울 수 있다.
- 인사관리를 위한 정책 목표와 업무 진행 과정은 바뀌었지만, 기록관리 시스템이 이런 변화를 고려에 넣도록 업데이트되지 않았을 수 있다.
- 급여대장 같은 중요업무가 전산화되었을지라도, 인사기록물은 이를 반영하지 않을 수도 있고, 자동화시스템에 연결이 안되었을 수도 있다.
- 공무원이 전보될 경우, 파일도 같이 보내는 시스템에 오류가 생겨, 다시 파일을 복사해서 쓰는 결과를 낳을 수 있다.

기록시스템이 무너진 원인이 체제상의 문제라면, 직원들이 아무리 동기부여가 잘 되었다 할지라도 상황을 개선시킬 수 없다. 시스템을 고치기 위한 전략적 시도가 필요하다.

전략을 짜는 것은 개별 상황과 필요에 달려있다. 여기에는 교육프로그램을 도입하고, 기록업무의 가치를 강조한 프로그램을 통해 직원의 동기와 사기를 진작시키는 등의 방법으로 기록과 직원의 효율성을 향상시키는 방안이 포함되는 것이 당연하다. 여기에는 또한 규정을 바꾼다든지, 절차, 서식, 심지어 기록시스템 전반적인 면을 다시 디자인한다든지 하는 방안이 포함될 수 있다. 이런 변화가 성공적이기 위해서는, 고위관리자들의 지원이 필수적이다.

3. 인사정보시스템과 인사기록물시스템

대부분의 고위관리자들은 이제 전산화가 인사관리에 큰 기여를 할 수 있음을 알고 있다. 분석하고, 비교하고, 감시하고, 기획하는 능력이 한층 확대될 수 있다. 그러나 전산화는 전반적으로 정보기술자들의 영역으로 간주되는 경향이 있고 인사기록물은 문서담당사원이나 기록관리자의 몫으로 여겨지는 경향이 있다.

기록관리자는 문제가 되는 것이 단순히 매개수단만이 아니라는 것을 설명할 필요가 있다. 중요한 기록상의 문제들은 전자적 환경이든 문서적인 환경이든지간에 언급되어야한다. 이런 문제를 논의하지 않으면 기록관리자는 문제에 영향력을 발휘할 기회가 거의 없는 종속적인 위치에 갇히는 꼴이 된다. 만약 기록관리자들이 '낡은' 낮은 기술의 시스템에 대해서만 책임이 있다면, 왜 새로운 시스템을 기획하는데 참여해야 한단 말인가?

만약 전산화된 시스템이 정확하고 믿을 수 있는 정보를 창출할 목적이라면 - 개인의 권리를 계산하기 위한 것, 국가적인 책임을 보호하기 위한 것이라면 -고위 관리자는 기록관리자의 통제가 필요하다는 것을 이해해야만 한다. 만약 시스템이 광범위한 통계분석만을 위해 이용된다면, 더 높은 수준의 부정확성도 허용될 수 있다.

만약 전산화된 시스템이 기록관리 요건을 갖추기를 기대한다면, 기록 관리자가 반드시 참여해야한다. 그들은 다음과 같은 일에 기여할 수 있다.

- 시스템 디자인 – 이 시스템이 필요한 문맥적 정보를 수용할 능력이 있는지를 평가하는 것까지 포함.
- 입력과 출력의 관리 – 이용가능한 자원데이타의 성격과 질의 관리까지 포함
- 전자 기록의 장기적인 보존과 그에 대한 접근성

고위 관리자들은 기록관리시스템이 시간이 흘러도 효과적으로 유지되기 위해서 모든 관련 기록들이 처리일정표에 따라 보존되어야 한다는 것을 알아야한다. 일정표가 체계적으로 적용되지 않으면, 여기 저기 소프트웨어와 하드웨어를 옮겨 다니던 정보들이 중복되어 문서로, 전자기록으로 쌓이게 되고 이는 많은 불필요한 지출을 낳게 되고, 검색시에도 문제를 야기할 수 있다.

부록을 참고하라. 인사기록물 보유기간 샘플이 나와 있다.

문서에 기초한 인사정보시스템과 급여대장 사이에는 분명하게 정의된 연결관계가 필요하다. 인사파일과 급여대장사이에 추적이 가능하도록 분명하게 하는 것은 실제로 근무하지

않지만 급여가 지급되는 직원을 줄이고, 급여의 통제권을 확보하는데 중요한 요소이다. 급여테이터베이스와, 전산화된 인사정보시스템, 개인파일에 보유된 정보를 연결함으로써 보다 나은 급여체제의 통제권을 보장하고 보다 정확한 개인정보를 내놓을 수 있다. `

기록관리자는 이 세 시스템에서 요구되는 정보의 흐름을 규명하는 걸 도울 수 있다. 즉 감사조사를 도울 수 있다. 이 세 시스템이 공통된 번호체계를 갖도록 하는 것은 이 목적을 달성하는데 중요하다.

4. 인사시스템과 재조직

> 인사기록물은 종종 정부나 조직이 개편될 때 간과된다.

직원이 행정기관이나 지방정부 같은 새조직으로 전보될 때 그들의 인사기록물의 관리를 계획하는 것도 중요하다. 예를 들어 최근에 많은 정부들이 기능의 분할(행정기관을 만들거나 민영화)과 탈중앙집중(지방정부에 권한이양) 방식을 추구하고 있다. 이 과정은 보통 직원을 공공기관에서 새조직으로 전보시키는 것을 의미한다. 그러나 인사기록물을 관리하기위해 어떤 시스템이 필요한지, 또는 전보된 직원의 인사기록물은 어떻게 해야 하는지에 대해서는 별로 고려되고 있지 않다.

그런 기록에 대한 기본적인 질문에 답할 필요가 있다.

- 이런 직원들에 대해 중앙 정부는 어떤 정보를 보유하고 있어야 할까?
- 해당 직원들의 연금권리는 어떻게 되나?
- 중앙정부로부터 새로운 기관으로 전보된 직원의 기록관리는 누구의 책임인가?
- 새로운 기관에서는 이 전보되어 온 전직 공무원들의 이전 근무경력에 대한 어떤 정보를 가지고 있어야 하나?

조직개편 초기에 이런 문제를 해결하지 못하면, 나중에 더 비용을 많이 들여야 하는 문제가 되고 만다. 직원들은 연금에 대한 권리와 공무원으로서 권리를 잃게 될 수도 있다.

정부가 계속적으로 연금과 그밖의 혜택 또는 의무 등, 예를 들어 근무 중 입은 재해 등에 관련하여, 책임져야할 때, 이들 문서를 나중에 참고할 목적을 위해서 큰 비용을 들이지 않고서 보관할 수 있도록 해야 할 법적인 이유가 있다. 그리고나서 새 채용기관에 의해 새 파일이 열리고 필요하다면 필요한 법적 문서의 사본도 얻을 수 있다.

5. 자원데이타의 중요성

> 기존의 종이 문서에 기초한 인사기록물시스템에 투자하는 것은
> 인력정책의 성공에 필수적이다.

　관리자들은 정보기술이 자신들의 목적을 달성할 수 있도록 해줄 것이라 믿는 경향이 있다. 따라서 기존의 인사기록물을 중요시하지 않는다. 그러나 이런 기록들이 법적으로 증명할 수 있는 문서일 뿐만 아니라 이를 바탕으로 새로운 자동화 인사관리시스템의 정확도를 측정할 수 있는 이다.

　고위관리자는 만약 기초자료의 질이 낮다면 정보기술에 대한 투자가치가 약화될 것임을 알아야 한다. 기존 종이 문서에 기초한 인사기록물시스템에 대한 투자는 조직의 성공적인 인력자원정책이나 자동화 계획에 필수적인 것이고, 바람직할 뿐 아니라 필수적인 것이다.

　기록관리자는 새 자동화된 인사관리시스템에 필요한 자료 분야들을 분석하고, 이 분야 중 어떤 것이 인사기록물로부터 자료를 얻어올 필요가 있는지를 구분함으로써 아주 중요한 역할을 맡을 수 있다. 어떤 기록이 필요한지 결정이 되면 기록이 얼마나 완벽한지 보기 위해 샘플측정을 한다. 상황에 따라서는 이 기록들이 완벽하고, 잘 조직하여 자동화 계획에서 이용 가능하도록 조치를 취할 필요가 있을 것이다.

　고위관리자들은 이 데이터베이스에서 요구되는 정보가 기록을 참고해서 얻기보다는 다른 수단을 통해서 얻을 수 있다고 생각할 수 있다. 고위 관리자들은 기록을 참고하지 않으면 인사정보는 법적으로 입증되지 않는다는 것을 알아야 한다. 예를 들어, 어떤 사람이 자기가 이익을 보기 때문에 구두로 또는 자료수집양식에 부정확한 정보를 줄 수도 있다 예를 들어, 공무원연금이 생활비까지 보장하지 않는다면, 직원이 실제 근무연한을 늘이기 위해 실제보다 더 어리다고 할 경우 그들에게는 이득이 된다. 나이에 대해 거짓말을 할 지도 모른다. 만약 원본기록, 이 경우는 출생증명서인데, 제출되지 않으면, 데이터베이스의 정확도는 떨어지고 만다.

> 기록관리자는 중요하고 정확한 자원데이타를 확보할 수 있도록
> 돕는데 중요한 역할을 할 수 있다.

6. 전자정보의 관리

자동화된 시스템이 인사정보의 중요한 출처가 되기를 기대한다면, 전자적으로 생산된 기록이 관리되어야 한다는 것은 필수적이다. 고위관리자들은 인사기록물은 오랜기간 보관되어야 한다는 것을 알아야한다. 많은 경우에 이런 보관을 위한 기술적 장치들이 완전한 것은 아니다. 조직은 시간이 흘러도 기록을 안전하게 관리하고 접근 가능하도록 하는 제도적 능력과 전략이 있어야 한다. 그렇게 하지 못하면, 조직의 장기적 기록체계는 위험에 빠지고 이는 심각한 법적 금전적 문제를 야기할 수 있다.

기록 전문가들은 중요한 이해당사자들과 조직 내 정보기술 부서들과 힘을 합하여 전자정보의 관리를 위한 전략개발에 참여할 수 있고, 또 참여해야만 한다.

> 전자정보기록문제에 대한 자세한 정보는 『전자기록물관리』 편을 보라.

> 조직은 전자정보를 오랜기간 안전하게 관리하고 접근이 가능하도록 보장할 유용한 전략을 가지고 있어야 한다.

문서스캐닝

많은 사람들이 문서관리와 스캐닝이라는 새 기술들에 흥분하고 있지만, 신상파일들을 스캔해서 자동화시스템 안에 넣는 것만으로는 조직 내 모든 정보문제를 해결할 수 없다.

스캐너는 문서, 사진, 포스터, 잡지, 비슷한 자료로부터 컴퓨터 편집이나 디스플레이 용도로 이미지를 입력하는 장치다. 스캐너는 손에 쥐고 쓰는 형, 용지를 넣는 형, 평평한 상자형으로 시중에 나와 있고, 흑백 또는 컬러로 스캔이 가능하다. 높은 해상도의 스캐너는 고해상도의 인쇄물을 스캔할 때 사용하지만, 낮은 해상도의 스캐너는 컴퓨터 디스플레이용으로 이미지를 입력할 때 적당하다.

> **문서관리**(*Document Management*) : 계속적인 이용가치를 가진 서신과 내부생산문서에 대한 체계적인 취급과 관리를 할 때 기록관리의 원칙과 기술을 적용하는 것

> **문서관리 시스템** *(Document Management system)* : 컴퓨터프로그램
> 과 저장을 이용하여 한 조직 내의 서로 다른 종류의 문서를 관리하는
> 데 사용되는 시스템.
>
> **스캐닝** *(Scanning)* : 이미지를 컴퓨터가 사용할 수 있는 형태로 바
> 꾸는 것

문서관리시스템은 조직과 사용자들이 문서를 생산하거나, 전자적인 형태로 문서를 입력, 저장, 편집, 인쇄, 처리할 수 있도록 해 주고, 또 문서형태 뿐만 아니라 오디오나 비디오 이미지 형태의 문서도 관리할 수 있게 해 준다. 문서관리 시스템은 보통 다양한 데이터베이스에 대해 한가지 관점을 제공하고 문서입력을 위한 스캐너, 하드카피(hard copy)를 만들어 내는 프린터, 저장장치와 컴퓨터서버 그리고 문서를 포함하는 데이터베이스를 관리하기 위한 서버프로그램 등을포함할 수 있다.

고위관리자들의 가장 보편적인 오해 중에 하나는 형편없이 운영되는 문서 시스템과 관련하여 발생하는 모든 문제를 없앨 수 있는 문서관리 방식이 있다고 생각하는 것이다. 그러나 문서관리 방식상의 문제는 여전히 많으며, 아직까지 개선의 여지가 많은 기술이다. 문서관리 시스템이용에는 대한 심각한 문제들이 있으며, 다음과 같은 점이 포함된다.

- 조직외부에서 만들어진 문서는 스캐닝으로 입력되어야 한다. 이 일은 스캐닝 과정 때문만이 아니라 각각의 이미지 파일에 검색용어를 부여해야 한다는 점 때문에 노동집약적인 일이다. 질이 나쁜 종이로 된 서류, 연필로 쓰여 진 서류, 손으로 쓴 서류 같은 경우 효과적으로 스캔하기 매우 어렵다.
- 자료를 입력하는 일 상당 부분이 임금이 싼 문서담당직원에게서 높은 임금을 받는 관리자에게 넘어갔다.
- 컴퓨터처리에 적합한 많은 문서관리 실무는 기록관리기능을 포함하지 않는다.
- 경험상으로 이런 시스템 중 대부분은 반복적이고 표준화된 업무를 수행하는 소규모 팀에 의해 사용될 때, 모든 직원들이 이 기술을 사용하는 것에 적극적일 때 성공적이라는 것이 밝혀졌다. 이런 시스템은 직원이 팀을 떠날 때 또는 확장되어 많은 사람이 관여하게 될 때 쉽게 무너지게 된다.

정보기술은 계속해서 발전한다는 사실을 명심해야한다. 이삼년 전에 실험적이었던 것은 이제는 실현가능한 것으로 발전했을 지도 모른다. 어느 때라도 가능한 모든 선택된 안을 최신의 기술과 조직의 자원동원력, 한계 등을 현실적으로 평가한 것에 비추어 객관적으로

분석할 필요가 있다. 효과적이기 위해서 전략은 반드시 비용이 많이 들거나 복잡할 필요는 없다. 중요한 서류를 인쇄해서 문서로 보관하는 것은 여전히 시간이 흘러 전자정보를 보존하고 접근 가능한 상태로 유지하지 못할 것에 대한 훌륭한 대비책이다.

> *전자정보문제는『기록관리자를 위한 전산시스템』편에서 더 자세히 논의되고 있다.*

7. 인사시스템 감사

어떤 시스템이 이용되던지 간에, 고위관리자는 공무원에 대한 신상파일이 정확하고 포괄적으로 관리되고 있는지 감사하는 일의 중요성을 인식해야 한다. 감사과정은 마스터파일의 질을 확인하는데 초점을 맞춰야 하지만 업무관련파일의 관리와 자동화 시스템의 적절한 관리등도 점검해 볼 수 있다. 기록관리자들은 이런 감사활동을 장려해야 하며 검토과정 내내 기록관련 문제가 언급될 수 있도록 감사자들과 긴밀히 협조해야 한다.

> *시스템의 평가와 감사에 관련한 자세한 정보는『기록관리의 전략계획』편을 보라.*

8. 기록관리의 위상과 교육

> 인사기록물에 관련한 많은 문제들은 공공분야에 전문적인 기록관리자가 없다는 것에 기인한다.

기록관리자들이 인사정보의 관리에 기여할 수 있다는 인식이 전반적으로 부족하다., 이 이해의 부족이 결국 기록부서 직원의 낮은 위상으로 이어지는 것이다. 적절한 수준의 책임을 부여받는 직급을 직원들에게 줄 수 있는 업무평가관행은 승진의 기회를 부여한다는 점에서 기록과 직원들에게 동기를 부여하는 한 방안이 될 수 있다.

적합한 능력을 키워주는 교육은 기록전문직의 위상을 높여주고 향상시킬 수 있는 열쇠이다. 이는 적합한 기술을 연마해 줄 뿐 아니라 조직과 공공서비스의 관리라는 큰 문맥 안에서 그 틀의 역할을 이해할 수 있도록 돕는다.

위에서 논의된 다양한 전략적 문제들을 고려해 보라. 학습자 조직에서는 어떤 문제가 관심의 대상인가? 예를 들어 고위관리자가 전산화와 기록관리의 관계를 인식하고 있는가? 관리자는 자동화가 기록과 정보에 관련된 모든 문제를 풀 수 없다는 것을 알고 있는가?

학습자가 관심의 대상이 되는 문제를 구분해 본 후, 이 문제들과 관련하여 기록문제들을 이해하는 것이 얼마나 중요한지 고위관리자들에게 설명한다면 어떻게 할 것인지 간단히 써 보라. 예를 들어, 스캐닝, 그 자체만으로는 기록문제를 해결할 수 없다는 것을 어떻게 설명할 것인가? 정부 재개편 때 인사기록물 관리의 중요성을 어떻게 설명할 것인가? 학습자 조직 내의 상황을 구체적으로 언급하는 걸 잊지 마라.

요약

제 6장에서는 기록관리 프로그램에 대한 지지를 얻기 위해 고위관리자들과 대화를 요하는 기록관리상의 문제들을 언급했다. 다음과 같은 것들이 포함된다.

- 인사기록물을 향상시키기 위한 전략적 시도를 할 때 필수요건
- 정보시스템과 인사기록물관리 시스템간의 차이
- 인사기록물과 급여대장을 연결하는 분명한 감사 경로의 필요성
- 행정기관이나 지방관청 등 새 기관으로 직원이 전보되었을 때 인사기록물관리를 기획하는 일의 중요성
- 신뢰할만한 전산화 시스템을 구축하기 위한 믿을만한 자원데이타의 중요성
- 자동화된 인사관리시스템이 전문화된 기록관리를 필요로 하는 전자기록을 창출해 낼 수도 있다는 인식의 필요성
- 개인 신상파일을 전자문서 관리시스템에 스캐닝 방법을 이용하여 입력할 경우 발생할 수 있는 문제점
- 인사정보시스템 감사의 가치
- 기록관리자들을 위해 적절한 자기개발과 교육의 기회를 제공하는 일의 중요성

학습문제

1. 인사기록물을 잘못 관리했을 때 초래될 수 있는 4가지 결과는?
2. 인사기록물시스템이 실패할 수 있는 4가지 전략적 체제적 이유는?
3. 기록관리 통제가 전산화된 인사 관리시스템을 개발하고 사용하는데 필요한 이유를 설명하라.
4. 기록관리자가 전산화된 시스템을 개발할 때 맡을 수 있는 역할은?
5. 전자시스템이 작동하기 위해 급여데이터베이스, 전산화된 인사정보시스템 그리고 신상파일들이 연결되어야 하는 이유는?
6. 인력이 새로운 조직으로 전보되어 갈 때 기록과 정보관련 문제들에 대한 답을 찾아야 하는 까닭은?
7. 정부 재개편시 인사기록물관리가 필요한 이유는?
8. 자동화를 시킬 때, 고위 관리자들이 종이 문서에 기초한 기존의 인사기록물시스템에 투자하는 일의 중요성을 인식해야 하는 이유는?
9. 전자기록 전략이 필요한 이유는 무엇이고, 이런 전략을 개발할 때 기록 전문가들이 맡아야 하는 역할은?
10. 문서관리시스템이란?
11. 문서관리시스템에서 서류를 스캐닝해서 관리할 때 발생할 수 있는 4가지 기록 문제를 설명하라.
12. 인사시스템의 감사가 전략관리에 필요한 이유는?
13. 기록관리에 대한 훈련과 개발이 인사기록물 시스템의 전략적인 관리에 필요한 이유는?

연습: 조언

연습 21

이 활동은 학습자가 조직에 해당되는 구체적인 전략적 문제를 평가하는 것을 돕고, 학습자가, 할 수 있는 위치에 있다면, 이런 문제들을 어떻게 언급할 것인가에 대한 아이디어를 개발하도록 돕는다. 이런 분야에서 변화를 일으킬 수 있는 자리에 있지 않다고 해도, 학습자가 이런 문제들을 상급관리자들에게 제기할 수 있다고 생각하며 이 연습을 풀어보는 것은 중요하다. 학습자가 이 문제들을 고민해왔고, 학습자의 우려를 상급관리자에게 설명할 수 있는 모든 방법을 검토했다는 확신이 들 수 있도록 가능한 한 많은 시간을 투자하고 필요한 모든 구체적 사실을 제시하도록 하라.

다음은 무엇을 할 것인가?

　이 모듈은 기록관리자들이 인사관리에 관련된 전반적인 문제에서 기록이 수행하는 역할을 이해하도록 도우려 시도했다. 이 모듈은 기록관리자와 각 팀장들과 인사부서직원과 같은 기록관련외 부서직원들 모두가 공적인 책임을 가지고 적합한 관리방식으로 인사기록물을 관리하도록 돕는 것을 목적으로 하였다.

　이 모듈은 인사기록물의 통제상 필요한 관리체계와 이 기록들이 공공부문 인사관리와 인력자원기획을 위한 자료로서 갖는 중요성을 설명했다. 또한 이런 기록들이 개개 직원들의 권리를 보호하기 위해서 뿐만 아니라 직원의 숫자와 업무수행 능력을 평가하기 위한 수단으로서 맡는 역할을 검토해 보았다.

　이 모듈은 인사관리의 전망을 제시하고 인사관리업무 처리과정의 결과로 나온 기록을 논의해 보았다. 이해당사자들을 구별하는 중요성 역시 논의되었다. 손상된 시스템을 복구하는 일에 관련된 방안을 포함하여 수작업 형태로 인사기록물을 관리하는 방안도 살펴보았다. 또한 종이문서와 전자문서가 공존하는 환경에서 인사기록물을 관리하는 방법도 살펴보았다. 마지막으로 인사기록물관리에 관련된 경영자의 문제도 소개하였다.

1. 행위의 우선순위 설정하기

　이 모듈은 인사기록물관리에 있어서 중요한 방안들을 제시했다. 그러나 어떤 임무를 가장 먼저 수행할 것인가? 어떤 일을 최우선적으로 해야 하고 어떤 일은 나중으로 미뤄도 좋은가? 각각의 조직이 다음과 같은 요인에 따라 다른 결정을 내릴 것이다.

- 기록관리 시스템의 상태
- 기록부서직원의 준비상태와 교육정도
- 법률 그리고 규정에 대한 적절성
- 인사기능 관리상 정부가 우선시하는 사항들

후자는 특히 중요하다. 기록관리는 조직의 보다 광범위한 우선순위도의 일을 처리하는데 도움이 되기 위해 존재하는 것이지 그 반대는 아니다. 그러나 조직이 인사기록물을 보다 효과적으로 관리하도록 도울 수 있는 방안에 대해 몇 가지 조언을 할 수 있다. 다음의 연습을 풀어 본 후 제안을 생각해 보라.

[연습 22]

이 모듈을 통해 학습자가 했던 연습에 기초해서 학습자 조직의 인사기록물관리시스템을 세우거나 향상시키기 위해 할 수 있는 일을 우선순위에 따라 나열해 보라.

우선순위 1: 기존의 상태를 판단한다

기존의 기록시스템에 대한 설문조사를 실시하여 장단점을 알아보라. 이 조사는 아래와 같은 사항을 포함한다.

- 인사기록물관리시스템에 영향을 미칠 수 있는 입법사항과 규정
- 조직구조와 기록 전문가들을 위한 교육
- 정책, 절차, 지침
- 기록점검과 처리일정표의 완전성
- 기록폐기 절차
- 중요한 기록과 재해시 복구 방안
- 기록보관
- 물리적인 보안을 포함하여 기록 접근 시 보안

우선순위를 정할 때 중요한 고려 요소는 문제가 얼마나 널리 확산되어 있는지 또는 문제가 한 두 개 행정기관에 집중되어 있는지를 보는 것이다. 전자의 경우는 기록시스템이 운영되는 전체 체계상의 문제를 의미하는 것이다. 이 때에는 전략적 시도가 가장 효과적이다. 후자는 보다 제한적이고 집중적인 시도가 적합하다는 것을 의미한다.

우선순위 2: 이해당사자들과 조직의 정책 목표를 분명히 한다

인사관리는 역동적인 분야이고 우선순위가 급속하게 변할 수 있다. 정책이 실제로 실행될 것인가 아니면 상황에 비추어 수정될 것인가, 혹은 더 대규모 자동화계획이 고려중인가 하

는데 대한 중요한 정보를 이해당사자들이 제공해 줄 수 있다. 또한 자신들이 겪고 있는 문제나 앞으로 예상되는 문제에 대한 정보를 제공해 줄 수 있다. 예를 들어, 자신들이 필요한 정보를 받는 일이 지연된 적이 있는가? 기록을 참고하기는 하는가? 만약 참고하지 않는다면, 이유는 무엇인가? 설문지는 정보를 모으기 위한 효과적인 방법이 될 수 있지만 보통 인터뷰로 보완이 되어야 한다.

> 『현재 기록 시스템의 재건: 정보수집 방법을 위한 절차 안내서』 편을 보라.

활동계획안을 결정하기 전에 인사 관리를 위한 조직의 정책 목표를 확인하는 것은 중요하다. 인사문제만을 특별히 다룬 정책문서 뿐만 아니라 행정서비스를 위한 정부의 목표를 다룬 정책서나 기획 문서로 되어 있을 수 있다. 만약 그와 같은 것들이 존재한다면, 이 업무계획은 인사 관리에 대해 함축하고 있는 바가 있을 것이며, 이것을 통해 인사기록물의 관리에 대해 암시하는 바를 찾아낼 수 있다. 예를 들어, 만약 정부가 교사의 수를 늘린다거나, 공무원 축소를 통해 예산 절감을 꾀하기로 결정했다면, 그런 결정은 인사기록물의 관리에 대해서 암시하고 있는 바가 있다. 문서를 통해 가능한 한 많은 정보를 확보한 후 이해당사자들에게 이미 알고 있는 정보의 세부사항을 보완해 줄 정보를 요구해야 한다.

서로 다른 사용자들이 다른 견해, 때로는 완전 상반된 목표와 우선하는 일이 다를 수 있다는 것을 명심해야 한다. 만약 기존의 자동화된 인사관리시스템이 있거나 도입할 계획이 있다면, 정보기술 부서는 서비스 제공자일 뿐 아니라 이해당사자들이 될 수 도 있을 것이다.

우선순위 3: 정보의 흐름을 분석한다

조직 내에서 그리고 조직간에 정보가 움직이는 방식을 분석하는 것은 불필요한 중복을 줄여줄 것이다. 때로는 정보가 단순히 필요하지 않아서이기 때문이고, 때로는 이 정보가 지지하는 활동이 더 이상 의미가 없기 때문이다. 이 분석의 도움으로 정보관리 시스템과 주 사용자(수혜자)의 영역을 구분하는 일을 할 수 있다. 시스템의 영역을 너무 좁게 정의 내리기 쉽고 이 때문에 후에 문제에 직면할 수 있기 때문에 분석은 매우 중요하다. 필요에 따라 분석결과는 단순한 차트로, 또는 훨씬 상세한 도면이나 설명을 담은 문서로 표현될 수 있다. 예를 들어, 전산화된 문서관리 시스템의 도입은 아주 철저하고 상세한 정보흐름의 분석을 필요로 한다. (제 1장 참조). 전문 시스템 분석가가 보통 이런 분석을 한다. 일반적으로 자동화된 시스템보다 수작업시스템이 오류와 암묵적 규칙에 더 관대하므로, 전반적으로 수작업

시스템이 다소 낮은 강도의 분석을 요한다.

『업무시스템분석』편에 요약된 기술이 정보흐름분석을 위한 적절한 방법을 제공한다.

우선순위 4: 기존의 기록관리 시스템을 안정화시킨다

정보를 모으는 업무는 인사정보 개선 프로그램을 어느 방향으로 끌고 갈 것인가를 결정해 준다. 기존 시스템에 대한 어떤 변화도 튼튼한 토대 위에서 일어나야 하므로, 문서기록을 관리하는 기존시스템을 가능한 한 우선적으로 안정화시킬 것을 권한다.

우선순위 5: 개선안을 기획한다

관련된 정보를 모으고, 기존 시스템을 수리 또는 안정시킨 후에 다음과 같은 사안에 기초하여 개선안을 기획할 수 있다.

- 기존 시스템의 장단점
- 시스템내의 정보흐름
- 제공될 서비스에 대한 주 사용자들의 의견.
- 사용자들이 인사관리 분야에서 이루고자 하는 것은 무엇이며, 바꾸고자 하는 바는 무엇인가?
- 기록관리에 영향을 미칠 인사정보시스템 자동화를 위한 계획이 있는가?

이 단계에서, 사용자들과 조직 모두의 목표를 지원해 줄 잠재적인 기술적 해결책이 있는지 검토해 볼 수 있다. 기술이 중요하기는 하지만, 그것은 기획과정에서 마지막에 나올 사항이다.

기획된 개선안이 마침내 실행되면 다음과 같은 이유로 지지를 받게 되고 또 성공적인 것이 될 것이다.

- 사용자들의 의견을 수렴하였다.
- 어디에서 문제가 발생하고 있으며 이유는 무엇인가를 보여줄 수 있다.
- 제안된 변화가 인사관리에 구체적인 혜택을 가져올 수 있음을 보여준다.

2. 도움을 받을 수 있는 곳

아래 목록에 나온 국제조직들은 국가별로, 지역별로 지부를 또는 자회사를 운영하고 있다. 다음은 도움을 구할 수 있는 기관의 이름과 주소이다.

> *기록과 문서관리 전반에 관련된 다른 조직과 연합에 대한 정보를 위해서는 『기록관리 참고 문헌』편 참조하라.*

Commonwealth Association for Public Administration and Management (CAPAM)

Suite 402-1075 Bay street

Toronto, Ontario

Canada, M5S 2B1

Tel: +1 416 920 3337

Fax: +1 416 920 6574

Email: capam@compuserve.com

Website: http://www.comnet.mt/capam/

CAPAM의 목적은 통치하는데 있어서 조직의 우수성을 획득하고 관리능력을 향상시키는데 있어서 연합된 협조체재를 강화시키는 것이다. CAPAM은 선출직 공무원과 고위관료들, 학자들, 비정부조직들 사이에 네트워크를 형성함으로써 정부내 관리상 새로운 개발안들과 혁신적인 방안들에 대한 경험을 교환한다. CAPAM은 행정부내 가장 훌륭한 관행들에 대한 정보에 신속하게 접근할 수 있도록 해준다.

Institute of Personnel and Development (IPD)

IPD House, Camp Road

London SW19 4UX

UK

Tel: +44 20 8871 9000

Fax: +44 20 8263 3333

Email: ipd@ipd.co.uk

Wevsite:http//www.ipd.co.uk

IPD는 9만명 이상의 회원을 가진 영국 전문기관으로 인력개발과 관리 분야에서 좋은 관행을 장려하고 이 관행들이 전문가인 회원들과 그들이 근무하는 조직 내 동료들 사이에서 적용될 수 있도록 노력한다.

The International Personnel Management Association (IPMA)

1617 Duke Street

Alexandria, VA 22314

USA

Tel: +1 703 549 7100

Fax: +1 703 684 0948

Email: IPMA@IPMA-HR.ORG

Website: http://www.ipma-hr.org/

IPMA는 공공 인력 전문가로 구성된 전문인 연합으로 회원은 주로 연방, 주 또는 지방 정부에 근무하는 공무원들이다. IPMA은 공공분야에서 조직의 질과 목표향상을 위해, 전문적인 인력자원 관리 지도력, 교육, 정보, 그리고 대표 기관적인 서비스를 제공하는 역할을 하고 있다.

[연습 23]

학습자의 조직이 앞의 목록에 제시된 기관 중 어떤 것에 대해서든 무슨 정보가 있는지 알아보라. 이 단체들 중 어느 하나에서라도 출판물을 받아보든가, 회의에 참여한다든가, 협력관계에 있는가?

학습자 생각에, 위와 같은 단체들이 있다면, 학습자 조직이 어떤 단체와 우선 접촉해야 한다고 생각하고, 그렇게 함으로써 얻을 수 있는 결과는 무엇인가? 어떻게 생산적인 관계를 형성할 수 있는가?

3. 추가자료

인사기록물관리에 대한 출판물이 몇 가지 있기는 하지만 선택이 넓은 주제는 아니다. 어떤 출판물은 더 쉽게 구해볼 수 있고, 어떤 것은 더 최근 것이다. 그러나 조금 예전의 것도 중요한 정보를 담고 있고, 예전 것 중에는 아직 전세계적으로 공급이 안된 새로운 출판물보다 학습자가 살고 있는 나라에서 더 쉽게 구할 수 있는 것도 있을 것이다. 핵심 출판물은 (*)로 표시해 두었다.

> *중요한 출판물은 『기록관리참고문헌』 편에서도 찾아 볼 수 있다. 기록물 관리에 대한 보다 일반적인 출판물 정보에 관해 참조하라.*

ARMA Standards Committee: Filing Systems Task Force. Alphabetic Filing Rules. 2nd. Prairie Village, KS: ARMA, 1995

ARMA Standards Committee: Filing Systems Task Force. Filing Procedures: A Guideline. Prairie Village, KS: ARMA, 1989

ARMA Standards Committee: Filing Systems Task Force. Numeric Filing: A Guideline. Prairie Village, KS: ARMA, 1989

ARMA Standards Committee: Filing Systems Task Force. Subject Filing: A Guideline. Prairie Village, KS: ARMA, 1988

Armstrong, Michael. Handbook of Personnel Management Practice.. 4th ed., 1991

Bennick, Anne. Active Filing for Paper Records. Prairie Village, KS: ARMA, 1989

* Cain, Piers and Anne Thurston. Personnel Records : A strategic Resource for Public Sector Management. London: UK: Commonwealth Secretariat, 1998.

International Personnel Management Association(IPMA). Personnel Files, US: Center for Personnel Research Series, 1997

[연습 24]

학습자의 조직 내 도서관이나 자료실을 찾아보라. 인사문제 전반에 대해 그리고 특히, 인사기록물관리에 대해 어떤 책과 자료를 가지고 있는가? 위 목록에 제시된 것 중 구할 수 있는 것이 있는가? 만약 그렇다면, 한두 권 정도를 살펴보고, 흐름을 파악해서 학습자 조직에 어떤 가치가 있는지 평가해 보라. 만약 없다면, 도서관에 두면 좋겠다고 생각하는 두 세 권의 출판물을 골라보라. 어떻게 이 책들을 현실적으로 손에 넣을 것인지 계획안을 만들어 보라.

요약

이 과는 『인사기록물관리 (Managing Personnel Records)』라는 모듈 전반에 대해 살펴보았다. 이 과는 실행을 위해 우선순위를 정하는 방법을 설명하고, 실행시 주요 우선순위를 가진 문제는 다음과 같다고 제시했다.

- 우선순위 1위: 기존의 상태를 판단한다.
- 우선순위 2위: 이해당사자들과 조직의 정책목표를 분명히 한다.
- 우선순위 3위: 정보의 흐름을 분석한다.
- 우선순위 4위: 기존의 기록관리 시스템을 안정화시킨다.
- 우선순위 5위: 개선안을 기획한다.

이 과는 인사기록물 문제해결을 도와줄 정보나 도움을 받을 수 있는 방법을 제시하였다. 인사기록물관리에 관련된 중요한 정보원에 대한 논의를 끝으로 결론을 맺었다.

학습문제

- 이 과에서 제시된 우선순위가 왜 그런 순서로 정해졌는지 학습자 나름대로 설명해 보라.
- 이 과에서 제시된 조직 중 학습자가 우선적으로 연락하고 싶은 2곳을 정한 후 왜 그런지 이유를 설명하라.
- 이 과에서 제시된 출판물 중 학습자가 우선적으로 구매하고 싶은 2권을 정한 후 왜 그런지 이유를 설명하라.

연습: 조언

연습 22

모든 기관은 인사기록물 관리면에서 서로 다른 발전 단계에 있을 것이다. 우선순위는 이 기관과 지역, 국가만의 특별한 필요를 고려에 넣어 결정되어야 한다.

연습 23

만약 자료에 한계가 있다면, 우선 국제조직들과 연락을 취해보는 것이 현명하다. 이런 조직들은 국가적, 지역적 연합을 통해 정보를 얻고 거르기 때문이다. 따라서 중요한 정보는 국제 단체를 통해 학습자 조직으로 전해지게 되며, 이들은 모두를 위해 자료를 저장해 놓을 수 있다. 특수한 출판물이나 정보를 찾기 전에 포괄적인 정보에 초점을 맞출 것을 권한다.

연습 24

포괄적인 정보로 시작하고 전문화된 책을 수집하기 이전에 소개서 수준이나 전체를 볼 수 있는 출판물을 자료로 소장할 수 있도록 하는 일은 중요하다.

인사기록물처리일정표의 예

인사와 다른 관련 기록보존

기록	법적보존기간	법적근거
사건대장, 사건기록/보고서	마지막 입력된 날로부터3년	1985년업무규정상상해,질병,위험한사건발생보고 제7조 (RIDOR) (SI1985/2023)
소득세, 국민연금 환급분, 소득세기록, 국세청과의 왕복서한	발생 회계년도후 3년이내	1993년소득세(고용)규정 제55(12) (SI1993 1744)
1980년업무상납관리에 의한 의료기록과 생물학적 테스트의 세부사항	2년	1980년업무규정상납관리 (SI 1980/1248)
1999년 건강에해로운물질관리규정에 의한 의료기록	40년	1994년건강법상해로운물질통계규정(COSHH) (SI 1980/1248)
1987년업무규정상석면관리에 의한 의료기록	40년	1987년업무규정상석면관리 (SI1987/2115)
1985년이온화광선규정하의의료기록	50년	이온화광선규정1985 (SI 1987/1333)

기록	법적보존기간	법적근거
1994년 건강에해로운물질관리규정하의 관리시스템과 보호장비에 대한 실험과 검사 기록	실험이 실시된날로부터 5년	1994년 건강에해로운물질관리규정 (COSHH) (SI 1994/3246)
1995년은퇴시급부(정보력)규정에 의하여 법으로 정해진 반드시 알려야 하는 사건과 관련된 기록, 업무수행능력 부족으로 인한 은퇴관련기록, 연금계좌와 관련 문서	•사건이 발생한 연도의 말로부터 6년 •계좌/보고서가 서명/완성된 연도의 말로부터 6년	은퇴시급부계획규정 제15(1),(3) 1995년규정 (SI 1995/3103)
국장급업무계약서	민영회사는 3년 민관합자회사 6년	1985년 회사법 제221절
법적육아수당기록, 계산자료, 확인서(Mat B1s) 또는 그 외 의료증빙	관련된 회계연도말로부터 3년이내	1986년 법적육아수당(일반)규정 제26조 (SI 1986/1960)
법적병가기록, 계산자료, 자가증빙자료	관련된 회계연도 말로부터 3년이내	1982년 법적병가기록(일반)규정 제13조 (SI 1986/1960)
임금/봉급기록(초과근무, 특별수당, 비용)	6년	1970년 세금관리법

추천하는 보존기간 (법에 명시된 기한이 없을 경우)

기록	추천하는 보존기간
보험평가서	영구보존
지원서, 면접자료	1년
보건안전규정에 의한 평가서와 안전담당관 및 위원들과의 협의기록	영구보존
금전구매세부사항	송금 또는 가치취득 후 6년
연금투자정책	그 정책하에 지불되어야하는 혜택이 만료된 후 12년
인사파일과 훈련기록	고용관계가 끝난후 6년
연금수령자에 대한 기록	혜택이 만료된 후 12년
고위 중역에 대한 기록	역사적인 목적으로 영구보존
잉여직원 정리해고 세부사항, 지불된 내역, 환급분, 국무부에 대한 통지서	1980 제한법 때문에 추천보존기간은 정리해고일로부터 12년
출근카드	감사 후 2년
노동조합동의안	효력정지 후 10년
신탁증서와 규정	영구보존
신탁자들의 회의록	영구보존
업무위원회 회의록	영구보존

ㄱ~

ㄱ~

『인사기록물관리』

책임집필

PIERS CAIN

Piers Cain은 국제기록관리 연구개발교육고문단(Research, Development and Education of the International Records Management Trust) 단장이다. 고문단의 연구전략을 개발하고 수행하는 책임을 맡고 있으며 연구프로젝트를 지도하고 고문단의 교육프로젝트를 감독하는 일을 하고 있다. 그는 산업국가와 개발도상국에 있어서 '정보혁명'의 영향에 관한 것에 관한 연구에 관심을 두고 있다. 그밖에 로이터사, 국제통화기금, European Bank for Reconstruction and Development and the Corporation of London 등을 포함하여 광범위한 조직에서 경험을 가지고 있다.

집필
Kimberly Barata
Barbara Reed
John Walford

감수
Jeanne Berry, Gloucester County Library Arts and Museums Service
Ann Mitchell, Monash University, Australia

검증기관
University of Botswana

인사기록물관리

옮긴이 이 은 경
감 수 한국국가기록연구원
펴낸이 조 현 수
펴낸곳 도서출판 진리탐구

초판 1쇄 인쇄 2003년 10월 5일
초판 1쇄 발행 2003년 10월 10일

주소 서울시 마포구 용강동 494-53 (121-876)
전화번호 02) 703-6943, 4
전송번호 02) 701-9352

출판등록일 1993년 11월 17일
출판등록번호 제 10-898호

ISBN 89-8485-070-5

※ 잘못된 책은 바꿔드립니다. 가격은 표지에 있습니다.